宫崎滔天家藏
民国人物书札手迹
（第七卷）

中国宋庆龄基金会研究中心 编

国家出版基金项目

中国出版集团公司
华文出版社

图书在版编目（CIP）数据

宫崎滔天家藏民国人物书札手迹. 第七卷 / 中国宋庆龄基金会研究中心编. -- 北京：华文出版社，2021.1
ISBN 978-7-5075-5375-8

Ⅰ. ①宫… Ⅱ. ①中… Ⅲ. ①历史人物—手稿—收藏—中国—民国 Ⅳ. ① G262.1

中国版本图书馆 CIP 数据核字 (2020) 第 231927 号

宫崎滔天家藏民国人物书札手迹（全八卷）

编　　者：	中国宋庆龄基金会研究中心
责任编辑：	潘　婕
出版发行：	华文出版社
社　　址：	北京市西城区广外大街 305 号 8 区 2 号楼
邮政编码：	100055
网　　址：	http://www.hwcbs.com.cn
电　　话：	总编室 010-58336239　发行部 010-58336238　责任编辑 010-63429159
经　　销：	新华书店
印　　刷：	北京画中画印刷有限公司
开　　本：	889mm×1194mm　1/12
印　　张：	166.33
字　　数：	1436 千字
版　　次：	2021 年 1 月第 1 版
印　　次：	2021 年 1 月第 1 次印刷
标准书号：	ISBN 978-7-5075-5375-8
定　　价：	1999 元

版权所有，侵权必究

《宫崎滔天家藏民国人物书札手迹》（全八卷）编辑委员会

特别顾问：王家瑞　宫崎蕗苳（日）
顾　　问：章开沅　杨天石　宫崎黄石（日）　久保田文次（日）
主　　任：杭元祥
副 主 任：井顿泉　于　群
委　　员：唐九红　艾　多　陈爱民　宋　健　孙晓燕　李长莉　赵立彬

本卷执行编委

主　　编：艾　多
编　　辑：李　朋　赵　波

出版说明

宫崎滔天是日本熊本县人，早年受资产阶级民主思想的影响，追随孙中山支持中国民主革命。宫崎家藏大量中国近现代珍贵历史资料，一直未能公之于世，因而备受各界关注。

20世纪70年代末80年代初，中日史学界研究辛亥革命的学者，开展国际交流研讨的活动渐渐多起来。1981年，北京景山学校日语教师何子岚先生因与宫崎家熟悉的缘故，曾协助对其家藏的历史资料进行整理。同年10月，宫崎滔天的孙女宫崎蕗苳女士及其先生宫崎智雄教授应邀到中国参加纪念辛亥革命70周年大会，向大会赠送了一批家藏的文献资料，引起史学界的注意。1982年，著名历史学家刘大年先生致函宫崎蕗苳女士，提出与宫崎家合作整理、研究资料的建议，并指派中国社会科学院近代史研究所荣孟源先生推动，1985年荣先生不幸病逝，工作被迫中断。此后，中国学者陆续造访宫崎家，阅览资料并作了相关研究。黄兴、何天炯后人在与宫崎家的来往中，也曾获取这些资料的相关部分。1993年，宫崎蕗苳女士向历史学家章开沅先生初步透露希望系统整理与出版其家藏资料的意向。

2005年11月，中国宋庆龄基金会与中央电视台共同赴日本九州拍摄《寻访孙中山的足迹》文献片过程中，参观了宫崎兄弟的故居，了解到宫崎家藏资料的情况，感到对中国近代史研究具有重要意义，并感慨这批资料历经一个多世纪得以保存下来的不容易。2007年11月，在章开沅先生的帮助和引荐下，中国宋庆龄基金会正式启动了整理出版宫崎滔天家藏有关中国革命资料的项目。这一项目得到宫崎蕗苳女士、宫崎黄石先生及其夫人的大力支持，也得到了日本学者久保田文次、久保田博子夫妇的积极帮助。2011年，在辛亥革命百年之际，中国宋庆龄基金会将先期整理出来的部分资料汇集，由人民美术出版社出版了《宫崎滔天家藏——来自日本的中国革命文献》一书，受到海内外各界的关注与赞扬。2013年，为了推动这项工作的持续开展，中国宋庆龄基金会成立了"宫崎滔天家藏资料研究"项目组，制订规划、组织专人、明确任务，每年两次至三次派出工作组赴东京西池袋宫崎滔天旧居工作，对这些珍贵资料进行分类、编目、扫描等。同时，工作组坚持整理与保护并举的良好做法，认真持续地对文物原件采取防潮、防虫等保护措施，得到了宫崎家的进一步信任。2016年春，资料整理基本进入尾声，按计划进入编辑出版阶段。经过反复论证，确定了以《宫崎滔天家藏民国人物书札手迹》为书名，分八卷逐卷出版的方案。

《宫崎滔天家藏民国人物书札手迹》收录辛亥革命至民国期间，包括孙中山、宋庆龄、黄兴、廖仲恺、何香凝、宋教仁、何天炯、戴季陶、蒋介石、汪精卫、胡汉民、朱执信、于右任、黄复生、陈其美、李烈钧、谭延闿、邓铿宇、孙毓筠、吴玉章、陈独秀、李大钊、毛泽东、熊克武、但懋辛等近百位与宫崎家有书信往来的中国历史人物的相关资料，涵盖笔谈、信函、题词、手札等。资料集采用影印形式出版，由相关专家学者对原文进行释读。释读中，原文错字用〔　〕号，增补者用〈　〉标出，模糊不清或无法辨认者用□标示，汉字形式的日文在[ ]内标注中文含义，个别人物化名或指代名以编者注的形式在【　】内标出。关于资料编排，首先按资料类型区分，第一卷至第六卷为笔谈、信函，第七卷、第八卷为题词；其次按照资料涉及人物、数量等情况相对集中编于各卷，各卷中按人物姓名拼音首字母顺序排列，同一人物的按资料时间顺序排列，日期不详或无法考证的置于该人物末尾。由于编者水平所限，书中难免有错讹之处，敬请读者指正。

在宫崎滔天家藏资料整理与出版工作中，宫崎家一如既往地给予信任和支持，中国驻日本大使馆及日本宋庆龄基金会等机构积极协助，章开沅、金冲及、黄彦、尚明轩、步平、严昌洪、罗福惠、王晓秋、杨天石、汪婉、李长莉、赵立彬、何大章、陈红军、沈锡麟、彭剑、苏刚及久保田文次、久保田博子等中日两国专家学者进行热忱指导，中国宋庆龄基金会理事孙晓燕、中山大学历史系教授赵立彬、井冈山大学外国语学院霍耀林参与大量具体工作，于志强先生提供部分资助，中国出版集团和华文出版社给予大力支持，在此一并致谢。

编者

2020 年 11 月

序一

章开沅

我与宫崎家族可以说有天生的缘分。

小时候曾在父亲的书架上翻阅过《三十三年落花梦》，知道在日本曾经有位流浪武士，如同《隋唐演义》中的侠士虬髯客一样，把孙中山当作李世民式的明君，忠心耿耿帮助他发动辛亥革命，建立中华民国。

长大成人当上历史教师以后，由于研究辛亥革命，日本浪人与宫崎滔天成为绕不开的话题，对他有了更为具体的认知。但是在很长一个时期，由于中日已成敌国，所以从来不敢对这位东洋豪侠之士公开肯定。

直至"文化大革命"结束，中国进入改革开放的历史阶段，我们才有可能对宫崎滔天及其家族进行客观而较深入的研究。其实，就在"文化大革命"发动的那一年，即1966年春天，我差一点就与滔天的侄子世民见面。那时我被"纪念孙中山诞辰100周年筹备委员会"借调，参与出版孙中山、宋庆龄文集与征集史料方面的学术性工作，借住在白塔寺全国政协宿舍。宫崎世民正好也在北京友好访问，可能是想提供珍贵史料，急于与筹委会联络。当时北京市委已经成为批判对象，市内人心惶惶，筹委会又没有正式办公地点，及至找到我的住处，宫崎世民已经在飞机场候机返国，所以只能约定在机场见面。政协工作人员非常关切，赶紧派车送我到机场，但为时已晚，飞机即将起飞，那时又无手机，所以连说一句送别的话都无法实现。

1978年春，黄兴的女儿德华与丈夫薛君度到长沙访问，邀我共同探讨黄兴评价问题，宫崎兄弟自然成为重要话题。其时黄兴长子一欧因病住院，我们专程前往探访。他虽然高龄衰病，但谈起1907年至1911年年初寄住在宫崎家的往事，仍然充满依恋之情。感叹说："宫崎滔天已经去世50多年了，我虽已进入衰暮晚年，仍然时常想起这位和蔼可亲的长辈，他的音容笑貌，历历如在眼前。"那些年宫崎只顾为孙中山东奔西走，家中经济极为贫困，但滔天夫人宁可给亲生儿子吃杂粮，也要保证一欧吃米饭健壮成长，及时回国参加辛亥革命。

1978年春夏之交，日中友协（正统）奈良县本部名誉会长北山康夫先生来武汉访问，交流辛亥革命研究情况。我顺便介绍了一下一欧老人的回忆，他顿时激动起来，并把滔天当年主编的《革命评论》杂志送给我。据说整个日本能够完整保存下来的只有两套，这是他自己珍藏多年的纪念品。我认真阅读了这套杂志，内心非常感动，并借用该刊登载的中国留日革命志士的诗句"只教文章点点血，流作樱花一片红"，作为题目，写成一篇深情散文在《人民日报》（海外版）发表，公开表达了我对宫崎兄弟的崇敬之情。

日本史学界很多辛亥革命研究者看过这篇文章，所以1979年深秋访问京都大学时，狭间直树曾经陪同我前往熊本荒尾参观宫崎故居及家墓。家墓保存完好，旧居原貌仍存，引发我许多感慨。1981年日本举办纪念辛亥革命70周年国际研讨会，会后我与金冲及教授应荒尾市市长邀请，又专程前往拜谒这位日本先贤的故居及相关历史遗址，并且举办了盛大的公众集会，我与冲及发表了热情洋溢的讲话。

在此前一年，即1980年秋天，宫崎的孙女蕗苳率滔天会一行20余人访问中国，曾经专程来武汉与我晤谈。这是我与宫崎家族正式结交的开始。但彼此交往密切，相知渐深，却是在1993年夏季我滞留日本的两个多月期间。我与妻子不仅参加了滔天会的例行集会，而且再次比较从容地参观了东京宫崎故居收藏的宝贵文物与丰富文献。正是在此期间，蕗苳初步透露了这批历史文献的整理与出版的意向，由我回国寻求可靠的承办单位。日本东京女子大学久保田教授与宫崎蕗苳一家关系密切，其妻博子又是日本宋庆龄研究会的骨干，自愿担任日方的相关联络。回国以后，我立即与中国宋庆龄基金会通报此事，并且迅速得到他们的明确回复，决定承办宫崎家文献的影印出版事宜。经过多方努力与辛勤整理编辑，终于实现了我们多年的共同梦想，其丰硕成果就是由中国宋庆龄基金会研究中心主编，人民美术出版社于辛亥革命百年纪念期间隆重推出的《宫崎滔天家藏——来自日本的中国革命文献》，线装影印，装帧典雅，受到海内外各界人士的热情赞扬。

此书出版后，曾在北京隆重举办新闻发布会，我与宫崎蕗苳及黄石母子，还有久保田文次教授，再次在北京欢聚，洋溢欣慰之情。正是在这次会上，我倡议再接再厉，一鼓作气，把宫崎家藏全部与中国相关的历史文献加以整理，逐卷影印出版。当即得到与会者一致赞同，而更为可贵的是中国宋庆龄基金会的相关领导，深切理解这项编辑出版工程的重大意义与深远影响，立即开始运作，共同书写中日友好合作交流的新篇章。

经过宫崎家族与宋庆龄基金会的通力合作，宫崎家藏历史文献整理编辑工作有序高效推进。今年即可出版两卷，主要为宫崎滔天与孙中山、黄兴两人的来往函札。这是对孙中山150周年诞辰的最好纪念。作为此项重大工程的倡议者与参与者，能够亲眼看见多年梦想逐步化为现实，内心之喜悦难以言表，只能草成此序，略抒胸臆而已。

丙申仲秋于桂子山，年方九十

序作者为华中师范大学原校长、荣誉资深教授。

序二

杨天石

宫崎滔天是孙中山的亲密友人，和中国许多革命人士交往频繁，一生热诚支持中国革命，家藏大量相关信函、笔谈、照片等珍贵文物。2010年，为迎接辛亥革命100周年，中国宋庆龄基金会编辑并影印出版了孙中山与宫崎滔天的笔谈39枚、信函多通，受到世界中国近代史学界的广泛关注。2016年，为纪念孙中山诞辰150周年，宋庆龄基金会得到宫崎滔天后人授权，拟逐卷出版其全部家藏的中国革命人士的手迹等文物。这将为中国近代史的研究提供大批珍贵资料，是孙中山150周年诞辰纪念活动中最重要、最有光彩、最为学界关注的一笔。

宫崎滔天(みやざき とうてん 1871—1922)，本名宫崎寅藏，一名虎藏，别号白浪庵滔天。出身于日本熊本县玉名郡荒尾村(今荒尾市)的"乡士"家庭("武士寒门")。有七个哥哥，三个姐姐，寅藏居末，与其兄宫崎八郎、宫崎民藏、宫崎弥藏四人，合称为宫崎兄弟。其中，八郎是日本自由民权运动的健将，1877年战死于反对封建藩阀的西南战争中；二哥民藏反对封建土地制度，倡导土地均分论，组织土地复权同志会，是日本提出土地问题的先驱；三哥弥藏认为当时的世界"弱肉强食"，"强者逞暴，日甚一日，弱者的权利与自由，一天天地丧失殆尽"，"必须速谋恢复之策"。三位兄长的思想都给了滔天以深刻的影响。

滔天幼年随父亲宫崎长藏学习剑术，后就读于德富苏峰所办大江义塾和中村正直所办同人社。1886年，转入东京专门学校(今早稻田大学)英语科，开始关注亚洲的革命运动。1888年，弥藏对滔天说：要防止黄种人永远遭受白种人的压迫，"这个命运的转折点，实系于中国的兴亡盛衰"，"倘若中国得以复兴，申大义于天下，则印度可兴，暹罗、安南可以奋起，菲律宾、埃及也可以得救"，将"广泛地恢复人权，在地球上建立一个新纪元"。弥藏建议深入中国内地，遍访英雄，共图大事。如果找到治世豪杰，就愿效犬马之劳。弥藏的思想自此成为滔天"一生进路的指南针"。后来，滔天又在此基础上进一步扩展为"世界维新，欲行天道于此邪恶世界"。他在给妻子的信中表示："我们的朋友是穷人、乞丐，我们的敌人是君王、贵族、地主和富翁。我们势非与社会的最强者搏斗不可。"

1891年5月，滔天初访中国上海，无所成。1897年7月，滔天与平山周等经由犬养毅斡旋，得到日本外务省的资助，来华考察秘密结社。1897年9月，滔天与平山周在横滨陈少白的家中见到孙中山，孙阐述了自己的革命主张，认为"共和政治"为"政体之极则"。滔天对孙中山大为倾倒，感慨地写道："孙逸仙实在已接近真纯的境地。他的思想何其高尚，见识何其卓越，抱负何其远大，情念何其切实。在我国人士之中，究竟有几个如他？他实在是东方的珍宝。"自此，滔天就将自己振兴亚洲和振兴中国的希望寄托于孙中山身上。他不仅将孙中山引荐给犬养毅等日本政治、经济界要人，而且将孙中山所写《伦敦蒙难记》译成日文，改题《清国革命领袖孙逸仙幽囚录》，亲撰按语，在福冈的《九州日报》上连载。这样，孙中山在日本的影响就日渐扩大。

1898年戊戌政变发生，滔天护送逃亡香港的康有为到达日本，奔走于孙中山与康有为及其弟子梁启超之间，力图劝说两派联合，共同反对清朝政府。1899年11月，滔天协助毕永年等人，将兴中会、哥老会、三合会三派联合，成立兴汉会，推举孙中山为会长。1900年6月，滔天陪同孙中山等人自日本乘轮南下，企图乘北方发生义和团运动之机，以江苏、广东、广西等南方六省为基础，建立共和政体。滔天亲到广州，与李鸿章的代表刘学洵谈判，实行两广独立；又到新加坡，企图劝说康有为"复建共和之旗帜，握手协力"。康有为怀疑滔天为刺客，向英国殖民当局控告，滔天被捕。孙中山得知，从西贡赶来营救。10月，滔天参与惠州起义，负责从日本调运原菲律宾独立军所留弹药，由于政客和商人的欺骗舞弊，均为废物。11月7日，起义失败，滔天返回日本。他穷困潦倒，又不愿从政府的对华间谍组织获取经费，转职成为浪花节艺人，到日本各地演唱，筹措革命经费。他曾对家人说："我能挣到革命的经费，而无法挣到养家的经费，万分地抱歉，请你们自食其力吧。"

1902年，滔天出版自传《三十三年之梦》，其中《兴中会首领孙逸仙》一章详述孙中山的革命经历。孙中山为该书作序，称滔天为"今之侠客"，"识见高远，抱负不凡，具怀仁慕义之心，发拯危扶倾之志。日忧黄种陵夷，悯支那削弱，数游汉土，以访英贤，欲共建不世之奇勋，襄成兴亚之大业。闻吾人有再造支那之谋，创兴共和之举，不远千里，相来订交，期许甚深，勖励极挚。"该书1903年由章士钊节译，以《大革命家孙逸仙》为名出版，随即"风行天下，人人争看，竟成鼓吹革命之有力著述"。

1903年之后，中国内地的爱国青年纷纷赴日留学，滔天热情接待、联络。1905年7月，滔天陪同孙中山会见黄兴，"谈论极合"，一见如故。不久，再次陪同孙中山访问《二十世纪之支那》杂志社，会见湖南革命志士陈天华与宋教仁。同月30日，参加中国各省志士在东京赤坂区黑龙会会所举行的会议，决定成立新的革命团体。8月13日，参加中国留日学生在东京富士见楼举行的欢迎孙中山会，与日人末永节二人先后发表演说。8月20日，以孙、黄为核心的中国同盟会成立，滔天成为第一批外籍会员。11月26日，同盟会机关刊物《民报》创刊，公开提出民族、民权、民生三大主义，滔天的住宅成为其最早的发行所。为了与《民报》呼应，滔天创办日文杂志《革命评论》。在第4号上以头版刊登孙中山的大幅照片，同时刊登滔天所写文章《志士的风骨》，介绍孙中山的事迹和为人。第7号上发表《支那革命殉难者小传》，纪念史坚如、邹容、陈天华、吴樾等烈士。1906年7月15日，章太炎出狱，到达东京，中国革命党人在锦辉馆召开欢迎大会，滔天发表演说，声称世界专制之国，存于今日者只有中国及俄罗斯，"然俄于近年民党进步至锐，旦夕将达其目的，贵国宁能无动乎？"

孙中山在日本东京期间，曾将联络、运动日本各方的工作委托滔天。1907年，支持中国革命的平山周、北一辉、和田三郎几个日本人士之间发生矛盾,孙中山于9月13日致函滔天,委托其全权办理在日本的"筹资、购械、接济革命军"以及与出资者谈判等各方面的工作。函称:"专托足下一人力任其难,如有所商酌,可直接函电弟处。"由此可见孙中山对滔天的高度信任。1909年,滔天的经济愈加困难,生活陷于绝境,东京赤坂警察署的署长企图乘机收买滔天,要他提供中国革命者的情报,被滔天愤然拒绝。孙中山作书致谢。函称:"足下为他国事,坚贞自操,艰苦备尝如此,吾人自问,惭愧何如!"

滔天和黄兴也情谊深厚。1907年,黄兴将儿子一欧寄养于滔天家。1908年7月,黄兴到东京,与滔天"天天有来往"。当时,滔天全家吃豆腐渣过日子,却设法借债让黄兴吃白米饭。1910年2月,黄兴为在中国南方发动起义,委托滔天在日本招募步兵、炮兵、工兵官佐。滔天为此运动长谷川大将,陆军大臣寺内正毅乘机派亲信随滔天到香港考察,黄兴作诗赠滔天,表达"百万雄师直抵燕"的热切愿望。同年,滔天被日本政府列为甲号社会主义者,受到严密监视。1911年4月,孙中山听到滔天"贫而病",从加拿大寄款慰问。

1911年10月10日,武昌起义。10月17日,滔天参加在东京日比谷公园举行的浪人会,主张日本"绝对中立",反对政府乘机侵华,干涉中国内政。11月15日,滔天挪借旅费来华,准备西上汉阳,接到孙中山约见的电报后立即赶到香港,与孙中山同轮赴沪。1912年元旦,参加孙中山就任临时大总统典礼。为了解决北伐清廷所需军费,滔天等人介绍孙中山向日本三井财阀借款,最终未能成功,孙中山不得不接受袁世凯所提出的和议。8月,孙中山应袁世凯之邀北上,电告滔天,称袁世凯将授予滔天以米谷输出权,滔天以渴不饮盗泉之水自励,加以拒绝。9月1日,滔天与何天炯、邓恢宇等人共同创办中日文并用的《沪上评论》,倡导发展中日友好。10月,离华回国。

1913年3月,孙中山访问宫崎家乡,在致词中盛赞宫崎弟兄"竭尽全力"支持中国革命的精神,祝愿两国的友谊"能如吾等之君子之交","携手共进,和睦友善"。同月20日,宋教仁在上海遇刺,孙中山从日本匆匆回国,发动"二次革命",滔天参与筹划。"二次革命"失败,孙中山、黄兴之间意见分歧,革命党人中出现严重分裂,滔天力图化解孙、黄两派之间的矛盾。1915年10月25日,出席孙中山与宋庆龄的婚礼。1915年,滔天为改变大隈重信内阁的对华政策,反对袁世凯,支援孙中山,曾试图参政。他在犬养毅、头山满、寺尾亨、阪本金弥等人的推荐下,设立事务所,竞选众议院议员,孙中山曾驰书鼓励,赞美滔天为"真爱自由平等博爱之人"。

1916年5月,滔天再次到上海,和钮永建等计议向日本财阀久原房之助借款,发动讨袁军事。同年10月31日,黄兴逝世,滔天"痛心欲绝","大哭特哭"。1917年4月,长沙各界公葬黄兴、蔡锷,滔天不远万里,临穴送棺。当时正在湖南第一师范读书的毛泽东和萧三受到感动,联名求见滔天,称赞他"高谊贯于日月,精神动乎鬼神,此天下所希闻,古今所未有也"。4月1日,滔天到第一师范演讲,继续呼吁振兴亚洲。同年9月,孙中山在广州就任军政府大元帅,颁布讨伐段祺瑞令,命何天炯赴日,通过滔天争取财政援助。曾谋划开采广东汕头和安徽芜湖附近的铁矿和煤矿。此后的几年间,滔天及其夫人槌子一度热衷于联络革命党人邓恢宇等,投资矿业和米业。

1918—1921年,滔天为《上海日日新闻》撰写大量时评,抨击日本的军国主义与侵略扩张政策,主张日本应同各国发展相互平等的关系。他尖锐批评寺内正毅内阁的援助段祺瑞、压迫南方政府的外交政策。

1921年2月，孙中山授意何天炯邀请滔天访粤。3月12日，滔天与另一位支持中国革命的萱野长知在广州会见孙中山，孙中山仍然希望滔天代为向日本资本家借款。滔天返日后，积极进行，使孙中山无比感动，称滔天为"岁寒松柏"，"其人格尤苍健无匹"。次年12月6日，滔天因肾病和尿毒并发症逝世于日本东京，享年51岁。孙中山驰电："惊悉滔天同志去世，谨致哀悼之意！"1923年1月，孙中山领衔发起，在上海召开追悼大会，赞誉滔天为"日本之大改革家"，"对于吾国革命历史上，尤著有极伟大之功勋"。其骨灰分葬于故乡熊本县荒尾市与新潟县保仓村显圣寺。

宫崎滔天家藏中国革命人物的书简、手迹和实物。其中，属于孙中山与国民党系统的有孙中山、黄兴、宋教仁、胡汉民、朱执信、廖仲恺、张继、李烈钧、章太炎、何天炯、邓恢宇、陈去病等，后来成为中共领导人的有陈独秀、李大钊、毛泽东、吴玉章等，属于文化、艺术系统的有鲁迅、田汉等，总数约近百人，均弥足珍贵。1985年6月，我访问东京，曾由日本学者久保田文次、藤井昇三陪同，访问滔天旧居，蒙宫崎智雄、宫崎蕗苳夫妇热情接待，出示部分珍贵资料，并在孙中山手书的"推心置腹"四字匾额下合影，彼时情景，至今感念不忘。京都大学小野川秀美教授藏有何天炯、邓恢宇致滔天函复印件多份，我承该校狭间直树教授赐赠，又蒙宫崎夫妇惠允利用，陆续写成《何天炯与孙中山》《邓恢宇与宫崎夫妇》两篇论文。当时，颇以未窥全豹为憾。现在，滔天家藏的这些珍贵资料陆续全部出版，这是中日学界的大事、喜事，相信必将大为推动中国近代史和中日关系史的研究。

2016年8月写定于北京东城之书满为患斋

序作者为中国社会科学院荣誉学部委员、中央文史研究馆馆员、近代史研究所研究员、国家图书馆民国文献保护工程专家委员会顾问。

序三

久保田文次（日）

宫崎滔天（1871—1922），本名虎藏，通称寅藏，出身于今熊本县荒尾市乡士（居住乡村的武士）兼大地主家庭。全家人皆仁慈厚爱，且具反潮流精神。长兄八郎曾参加明治维新及自由民权运动，追随西乡隆盛战死沙场。民藏继为长兄，因同情佃农开展"土地复权"运动将土地有偿转让给他们。次兄弥藏反对俄罗斯及欧美各国入侵亚洲，为保日本独立，明治维新后随即主张国力尚不完备的日本给予朝鲜、中国协助。因为朝鲜、中国均尚贫弱，两国若不经改革乃至革命，即无法与日本携手合作，也不足以抵抗欧美。弥藏为寻求主张改革的中国志士开始学习中文，并于1895年在横滨与孙文、陈少白相识，1896年不幸病故。滔天赞同弥藏联合亚洲的主张，于1897年9月自香港回国抵达横滨后径直前往中华街陈少白寓所，陈未在，仅一身材矮小的西洋式绅士在场，正是弥藏多方寻访的孙文本人。初识之孙文与滔天想象的伟岸、美髯、善"高谈壮语"的"东洋豪杰"形象相差甚远，故心存疑虑。孙文就中国现状与革命理想谆谆如处女般谈起，继而"挥洒如脱兔"。滔天为孙文的激情折服，且感意气相投，自此，终生成为中国革命的援助者。

宫崎滔天投身孙文革命运动的同时，不断将孙文本人及革命运动的情况发表于报纸杂志。其最大功绩莫过于1902年于其自传《三十三年之梦》中系统介绍了孙文其人及思想活动，为世界首次。该书翌年经章士钊《孙逸仙》、金天翮《三十三年落花梦》抄译，为中国人民了解近代革命家孙文做出重大贡献。1905年经滔天斡旋，孙文与黄兴相识并共创中国同盟会，继而滔天与萱野长知共同创刊《革命评论》以声援中国革命。同时协助武器购买及资金筹集等具体事务，并积极向孙文等介绍日本政治家、外交官、军人、舆论人。其间与犬养毅及头山满也建立起密切关系。辛亥革命爆发时，滔天亲往上海支持孙文。之后亦不断给中国革命以支援，一贯对日本武断的对华政策加以批判。

滔天身为"浪人"并无固定职业，唯一收入来自报纸杂志和"浪曲师"等的稿费。多亏妻槌子揽女红活贴补，方可维持家计。并不富裕、"勉强度日"中，不仅接待孙文、黄兴、宋教仁，还款待过许多当时尚无名气的年轻革命者们。槌子十分理解滔天的事业，每每亲自接待中国来客。长子继承家业是日本的家族原则，滔天的兄长民藏理解并支持弟弟对中国革命的付出，乐于与留宿滔天家的中国志士交流。槌子之姐前田卓子是日本著名作家夏目漱石小说《草枕》女主人公原型，因婚姻失败前往东京，在同盟会机关报《民报》社居住并工作，被爱称为"民报祖母"。槌子的弟弟前田九二四郎亦曾参加革命活动。

滔天长子宫崎龙介（1892—1971）毕业于东京帝国大学法学部，是"大正民主运动"领袖吉野作造的门生，理解中国"五四"运动，与陈独秀、李大钊有亲密交往。龙介曾一度接近蒋介石，对日本的侵略政策一贯持批判态度，第二次世界大战后为和平运动及日中友好运动做出贡献，并长期致力于宫崎家藏资料的保护与整理。龙介女儿蕗苳之夫宫崎智雄是早稻田大学教授，在有识者何子岚的协助下倾心整理、挖掘家藏资料，并在与何天炯后人交流中提供并公开资料。

黄兴1904年11月亡命日本时立即拜访滔天，在推动同盟会翌年成立的过程中与滔天交往密切。滔天爱慕黄兴的质朴，将黄兴之子黄一欧、黄一中、黄乃接来日本读书，两家交往。滔天东京居所的取得也得益于黄兴的帮助，双方"情谊"深厚。尽管滔天无比仰慕孙文，但对孙文某些独裁倾向持批判态度。特别是在中华革命党成立前后的孙黄对立中竭尽调停之力，之后对孙文一如既往地支持，对黄兴的同情也不加掩饰。此次全集的编辑出版，恰将印证滔天与黄兴一家的亲密关系。

滔天与孙文、黄兴的友谊世人皆知，但最得滔天一家关照过的是宋教仁。宋教仁日记《我之历史》已成为记录宋本人及孙、黄等人活动的重要史料。谨此引用一段宋日记中描绘滔天一家接待中国人的段落。宋教仁于1905年7月19日与程家柽（润生）一同初次拜访宫崎家，记为"既抵滔天君家、则滔天已外出、惟其夫人在、速客人、属待之、余等遂坐。良久、一伟丈夫、美髯椎髻、自外昂然入、视之则滔天君也、遂起与行礼。润生则为余表来意、讫、复坐。滔天君乃言孙逸仙君不日将来日本、来时余当为介绍君等云云。又言君等生于支那、有好机会、有好舞台、君等须好为之、余日本不敢望其肩背、余深恨余之为日本人也"。滔天对得遇机会、舞台的中国革命家的羡慕之情可见一斑。之后，滔天参与协商黄兴及华兴会与孙文的合并，正是由于滔天的斡旋，事态快速进展，至8月20日中国同盟会成立大会召开。

同年9月17日宋教仁与张步青等友人共同拜访宫崎家，日记为"既至、坐良久、滔天出酒肴共啖之、余举杯连饮、少焉稍有醉意、乃放声唱湖南之新剧、滔天亦击节而歌、步青亦作鄂调、举坐殆若狂。良久、滔天之夫人内田氏（应为前田氏）亦出而举酒属客、余一饮而尽者数杯。又移时、余乃醉矣、呕吐满地、颓然横卧、迨至戌初、步青乃呼醒余、乃共辞归"，主客相融的气氛溢于言表。如此场景宋教仁日记多有记录，如实描绘了滔天一家对中国青年革命者们的热情接待。

宋教仁曾从事《民报》工作，与前田卓子同事。宋患有神经性疾病，卓子非常关心其健康，帮助宋治疗坐骨神经痛，宋自田端脑病医院出院后，卓子建议宋去其九州娘家疗养。最终，经黄兴建议暂住新宿滔天家静养。宋教仁记有1906年10月5日下午4时到达宫崎家时的情景，"宫崎之夫人即为余扫除房间、少时余之行李亦运、遂搬入焉。其房在其家屋深处、有窗临街、颇可居也。宫崎氏有子二人、长名龙（龙介）、次名震（震作）、女一名节（节子）、夫人前田氏和坦可亲、其家庭之乐甚足羡"。宋教仁在宫崎家养病期间迎来《民报》创刊一周年大会，1907年元旦与滔天、萱野长知等对酒迎新，1月7日为代理即将远赴越南的黄兴的同盟会庶务干事一职搬入黄兴租住居所。如此打扰过宫崎一家的宋教仁直接史料，在宫崎家史料中却所见不多。不过宋教仁、何天炯、张继与盛装的前田卓子、福田内子（《民报》职员，滔天同乡）的合影照片"民报社的人们"可见。据宋教仁日记，1906年3月1日何天炯、前田等聚会为即将赴中国东北的张继饯行，2日特前往照相馆合影留念。宋教仁直接史料虽然不多，但宋日记却记录宋教仁本身和同盟会动态的同时，还如实记录了滔天一家对中国革命者、留学生的热情接待，是珍贵史料。

为张继饯行并参加合影留念的何天炯也是频繁到访宫崎家的中国人之一，他致滔天信函逾百封。宫崎家藏滔天收讫信函中，包括日本人在内，来自何天炯的堪称最多。如杨天石、狭间直树所说，何天炯有着敢于向孙文谏言的骨气，宫崎家藏数十位同志题跋签名的大幅横轴，正是为何天炯书法"文章有神交有道……"所题。何天炯书简预计由李长莉编辑出版为《何天炯集》，百余封信函的分析对孙文研究、辛亥革命研究具有重要意义。

宫崎家不仅藏有上述孙文、黄兴、宋教仁、何天炯资料，还藏有其他众多中国革命运动领导人、参与者的信函、随笔、书画、照片、名片等大量史料。以往出版过的《孙中山全集》《国父全集》《黄兴集》《黄克强先生全集》等不曾收录的资料此次亦有相当补充。宫崎家史料或多或少涉及的主要人物除上述人物还有以下诸位，恕不分排名先后：孙科、宋庆龄、陈少白、赵声、章炳麟、蔡元培、汪兆铭、胡汉民、陈其美、李烈钧、柏文蔚、谭延闿、孙毓筠、许崇智、朱执信、廖仲恺、何香凝、戴季陶、于右任、黄复生、章士钊、蒋介石、陈诚、谢持、吴玉章、董必武、熊克武、但懋辛、邓铿、胡毅生、景梅九、林义顺、韩恢、凌钺、白逾桓、邓恢宇、陈家鼐、何树龄，以及毛泽东青年时期致滔天信函。与龙介相关史料涉及鲁迅、陈独秀、李大钊、周恩来、廖承志、田汉、康白情，等等。中国近代史上熠熠生辉的人物在宫崎家藏史料中如星罗棋布。仅一个家族所藏涉及如此众多历史人物，在泱泱中国也不多见。

这些历史人物都是身后扬名，滔天一家招待时都还是无名且前途无从预测的青年，无论是蒋介石还是毛泽东。我只有无比钦佩滔天一家对这些无名青年的期待乃至招待。能为世界留下如此大量的重要且珍贵的史料无不源自那些日常招待。还应该说，正是有了滔天与槌子、龙介与白莲、智雄与蕗苳、黄石与博子历代继承者的精心保管、整理，才使得本资料全集的出版成为可能。

我本人原本不是孙文研究者，多年协助刘大年先生等中国学者访问宫崎家之余，通过宫崎智雄先生将发现龙介与宋庆龄往来信函告知久保田博子事，对滔天自身产生浓厚关注，并开始协助中国宋庆龄基金会整理资料。可以说每次拜访宫崎家都有令我激动的新发现。值此基金会的资料整理告一段落，开始出版八册全集之际，唯有无限感慨。衷心感谢宫崎一家及中国宋庆龄基金会给予我们夫妇如此巨大的学习机会。

2016年9月

序作者为日本女子大学名誉教授。

目　录

1. 柏文蔚题字　　/1
2. 柏文蔚题字　　/3
3. 曹亚伯题字　　/5
4. 陈佛佗题字　　/7
5. 陈复初题字　　/9
6. 陈铭枢题字（1957年）　　/11
7. 陈其美题字（1913年）　　/13
8. 陈其美题字（1913年）　　/15
9. 陈其美题字（1913年）　　/17
10. 陈其美题字（1913年）　　/19
11. 陈其美题字　　/21
12. 陈锐题字（1927年）　　/23
13. 陈锐题字（1927年）　　/25
14. 陈万仞题字　　/27
15. 陈源题字　　/29
16. 陈振纯题字　　/31
17. 程伯轩题字（1936年）　　/33
18. 大刚题字　　/35
19. 戴季陶题字（1913年）　　/37

20. 戴季陶题字（1926年8月） /39
21. 戴季陶题字（1929年5月） /41
22. 戴季陶题赠《般若波罗蜜多心经》（1930年8月17日） /43
23. 戴季陶题字（1937年） /45
24. 戴季陶题字 /47
25. 戴季陶题字 /49
26. 戴季陶题字 /51
27. 戴季陶题字 /53
28. 戴季陶题字 /55
29. 戴季陶题字 /57
30. 戴季陶赠白莲女士画作 /59
31. 戴季陶题字 /61
32. 戴季陶题字 /63
33. 戴季陶题字 /65
34. 戴季陶题字 /67
35. 戴季陶题字 /69
36. 但懋辛题字（1931年） /71
37. 但懋辛题字（1931年） /73
38. 但懋辛题字（1931年） /75
39. 但懋辛题字 /77
40. 邓恢宇赠湘绣 /79
41. 窦家法题字 /81
42. 杜怀荣题字（1929年） /83
43. 杜羲题字（1918年） /85
44. 傅绍严题字 /87
45. 干国勋、袁其凝题字 /89
46. 干国勋题字（1931年12月） /91
47. 公孙长子题字 /93

48. 公孙长子题字	/95
49. 宫崎龙介题字	/97
50. 宫崎滔天题字	/99
51. 宫崎滔天题字	/101
52. 宫崎滔天题字	/103
53. 宫崎滔天题字	/105
54. 宫崎滔天题字	/107
55. 何海鸣题字	/109
56. 何天炯题字（1913年）	/111
57. 何天炯题字（1925年）	/113
58. 何天炯题字（1925年）	/115
59. 何天炯题字	/117
60. 何天炯题字	/119
61. 何天炯题字	/121
62. 何天炯题字	/123
63. 何天炯题字	/125
64. 何天炯题字	/127
65. 何天炯题字	/129
66. 何天炯题字	/131
67. 何天炯题字	/133
68. 何天炯题字	/135
69. 何天炯题字	/137
70. 何天炯题字	/139
71. 何香凝题字（1955年）	/141
72. 何香凝题字	/143
73. 何香凝画作（梅花）	/145
74. 何应钦题字	/147
75. 胡汉民题字	/149

76. 胡汉民题字 /151

77. 胡汉民题字 /153

78. 胡毅生题字 /155

79. 黄铎题字（1913年） /157

80. 黄复生题字（1914年） /159

81. 黄兴题字（1908年） /161

82. 黄兴题字（1911年） /163

83. 黄兴题字（1913年） /165

84. 黄兴题字 /167

85. 黄兴题字 /169

86. 黄兴题字 /171

87. 黄兴题字 /173

88. 黄兴题字 /175

89. 黄兴题字 /177

90. 黄兴题字 /179

91. 黄兴题字 /181

92. 黄兴题字 /183

93. 黄一欧题字 /185

94. 黄一欧题字 /187

95. 黄一欧题字 /189

96. 黄一欧题字 /191

97. 季雨霖题字 /193

98. 蒋介石题字 /195

99. 蒋介石题字 /197

100. 蒋介石为宫崎先生题字 /199

101. 蒋作宾为宫崎先生题字（1932年） /201

102. 劲况题字 /203

103. 可胜珑仙题字 /205

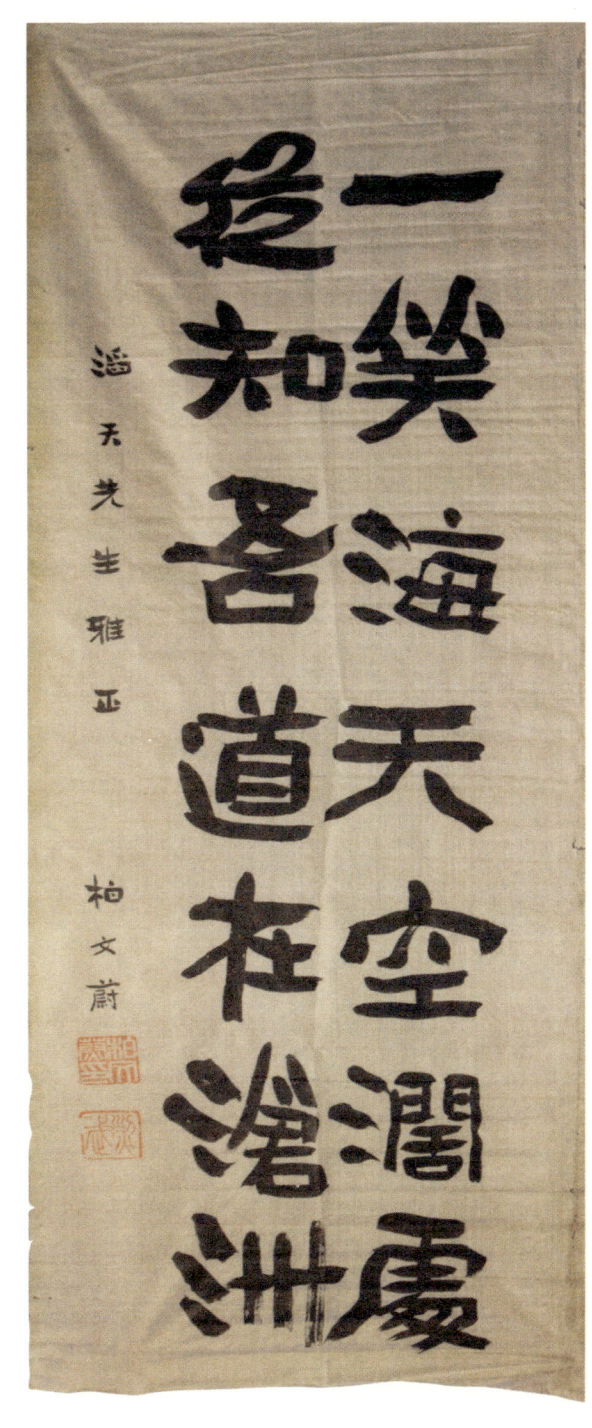

柏文蔚题字

释读

　　一笑海天空阔处，从知吾道在沧洲。
　　滔天先生雅正
　　　　柏文蔚

青天無片雲

宮崎先生
柏文蔚

柏文蔚題字

宫崎滔天家藏民国人物书札手迹（第七卷）

释读

　青天无片云
　　宫崎先生
　　　柏文蔚

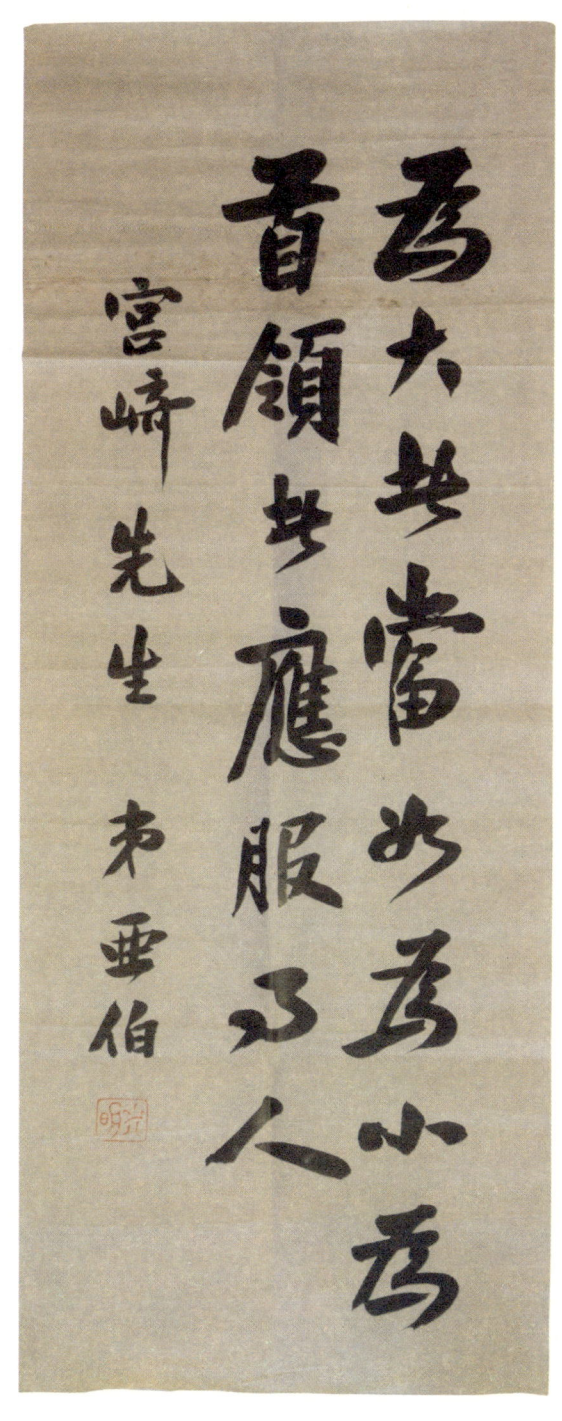

曹亚伯题字

宫崎滔天家藏民国人物书札手迹（第七卷）

释读

  为大者当如为小，为首领者应服事人。
   宫崎先生
    弟亚伯

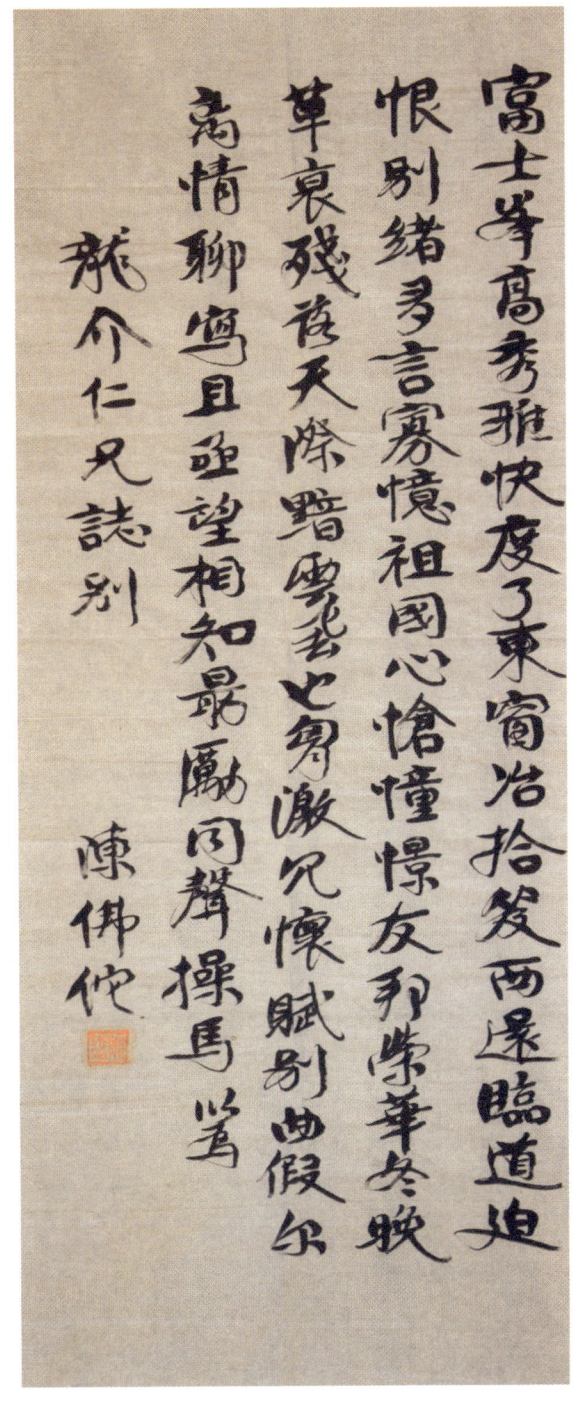

陈佛佗题字

释读

富士峰高秀雅，快度了东窗冶。拾笈西还临道迫，恨别绪多言寡。忆祖国心怆，憧憬友邦荣华。冬晚草衰残落，天际暗云飞也。胸激冗怀赋别曲，假尔离情聊写。且亟望相知勖励，同声操马。

以为

  龙介仁兄志别

    陈佛佗

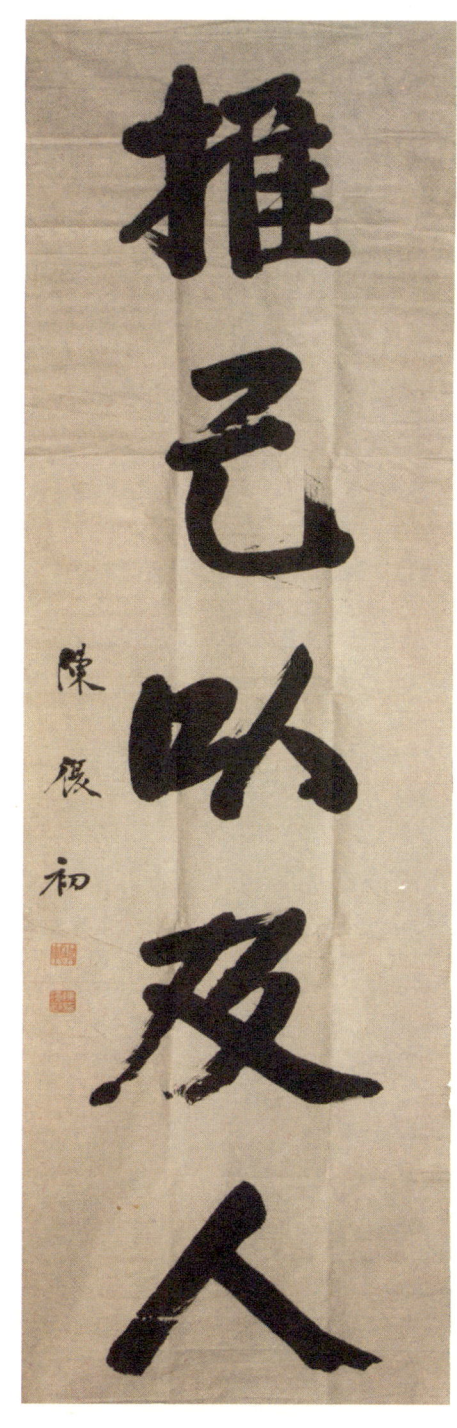

陈复初题字

宫崎滔天家藏民国人物书札手迹（第七卷）

释读

推己以及人

陈复初

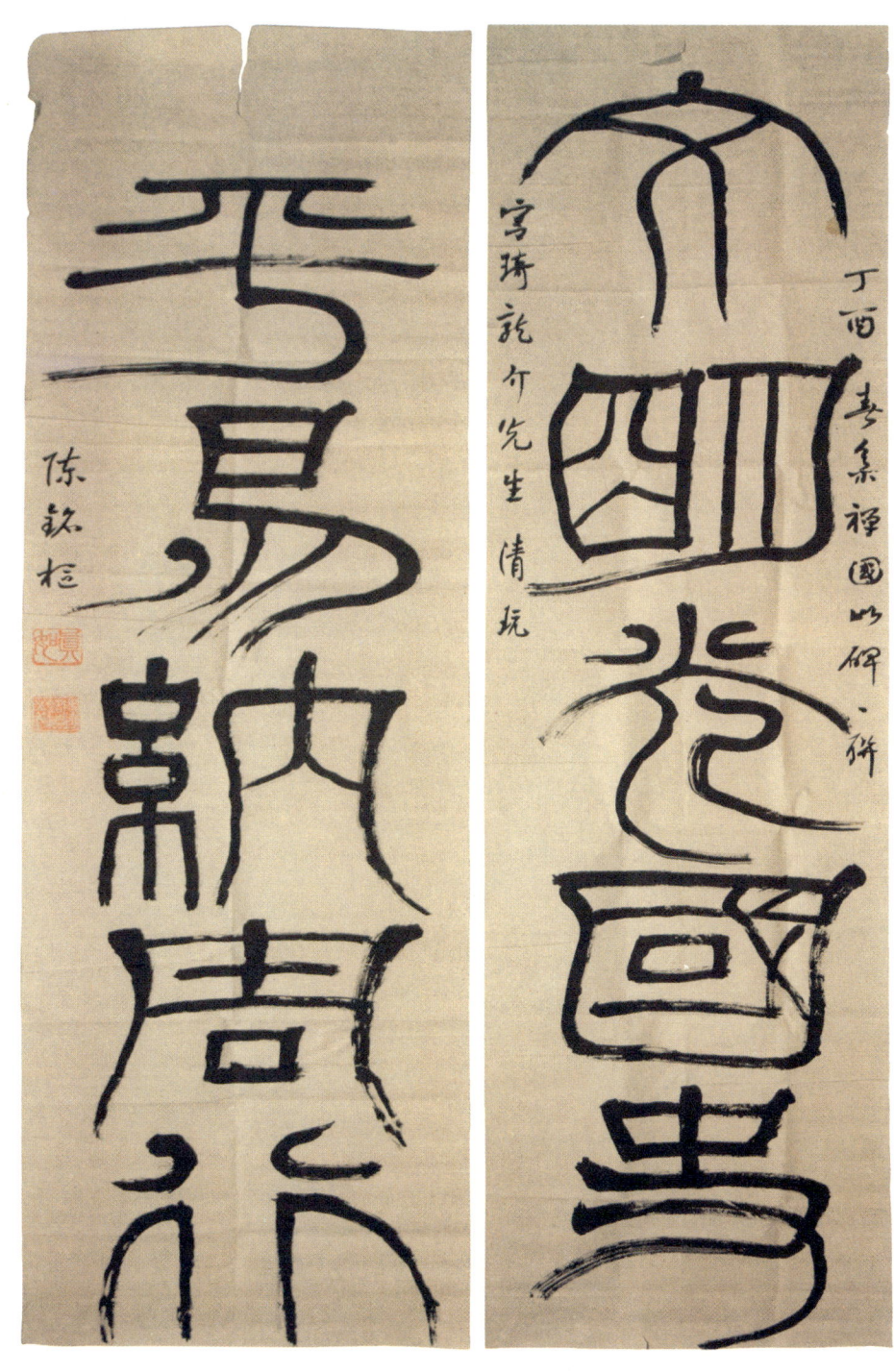

陈铭枢题字（1957年）

释读

　　文明光国史，平易纳周行。
　　丁酉春集禅国山碑一联
　　宫崎龙介先生清玩
　　　　　陈铭枢

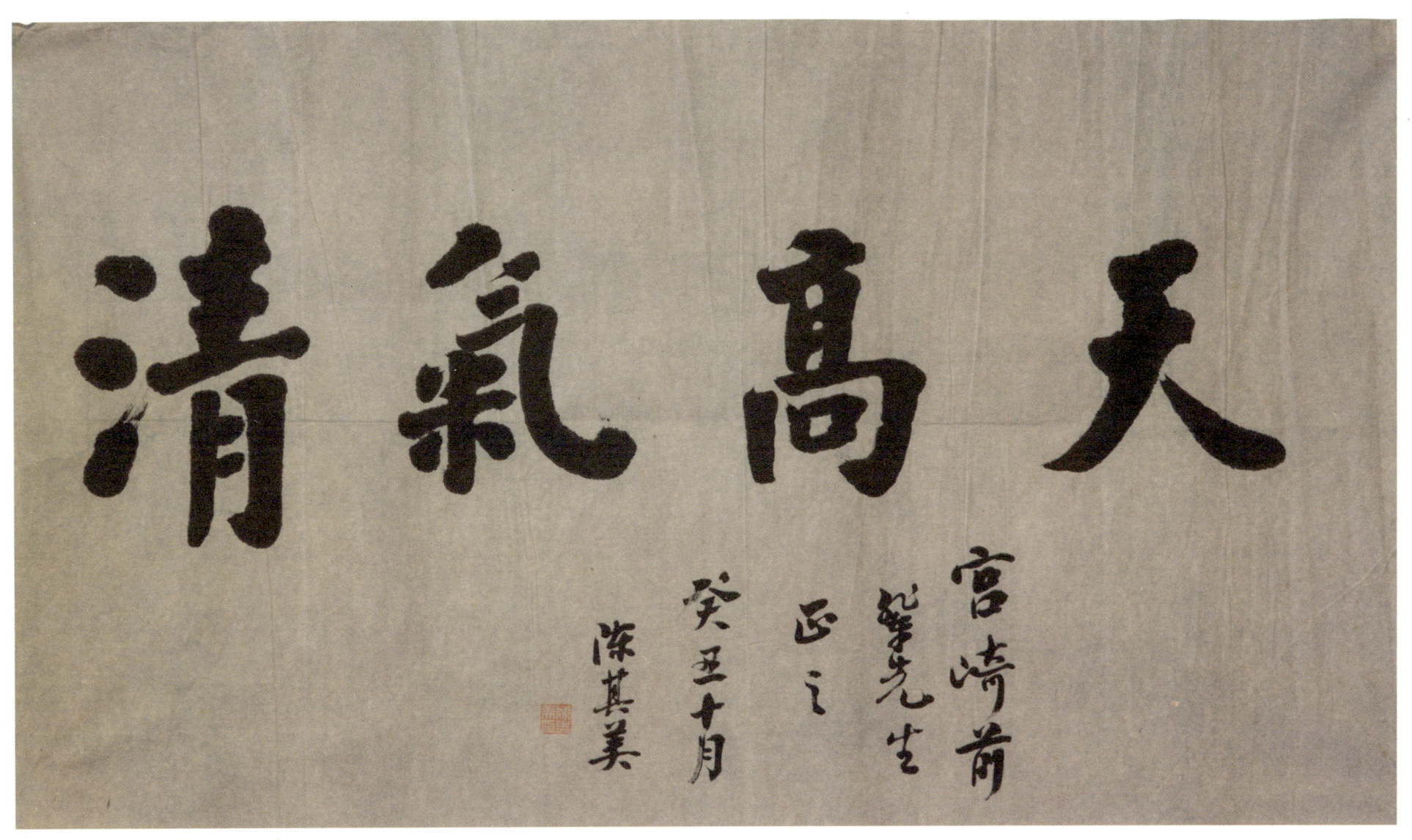

陈其美题字（1913年）

宫崎滔天家藏民国人物书札手迹（第七卷）

释读

  天高气清
   宫崎前辈先生正之
     癸丑十月　陈其美

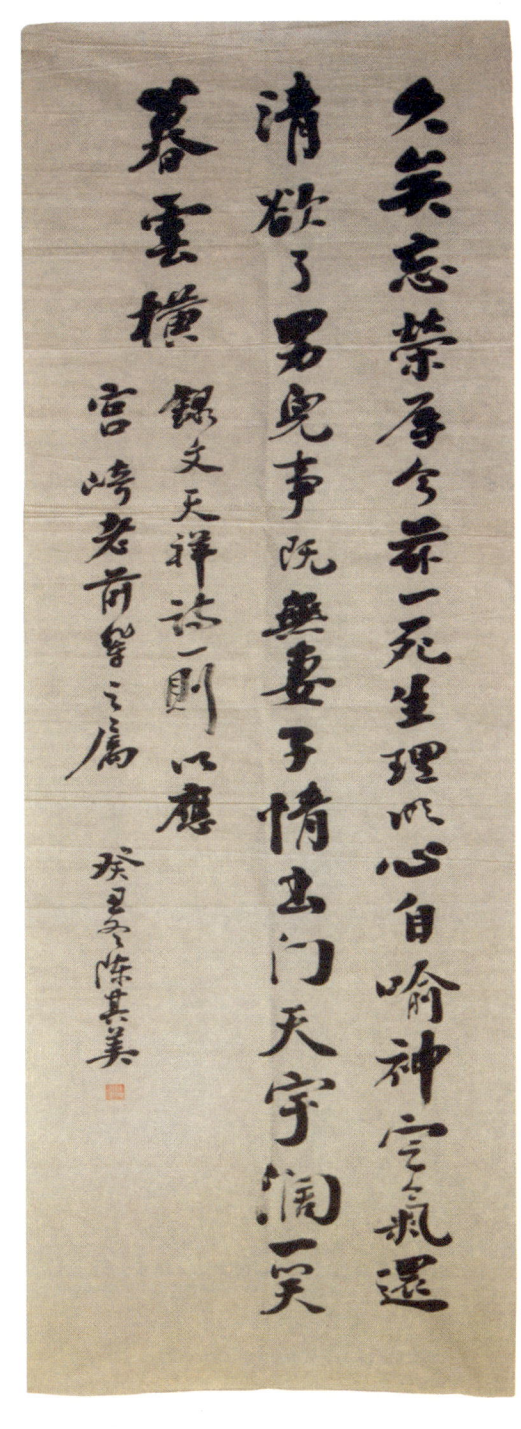

陈其美题字（1913年）

释读

久矣忘荣辱,今兹一死生。
理明心自喻,神定气还清。
欲了男儿事,既无妻子情。
出门天宇阔,一笑暮云横。
　　录文天祥诗一则以应
　宫崎老前辈之属
　　　　癸丑冬　陈其美

陈其美题字（1913年）

宫崎滔天家藏民国人物书札手迹（第七卷）

释读

  与君握手言欢日，正我枕戈待旦时。
  墨雨欧风方剧烈，谊联唇齿好维持。
   宫崎前辈两正
     癸丑冬　陈其美

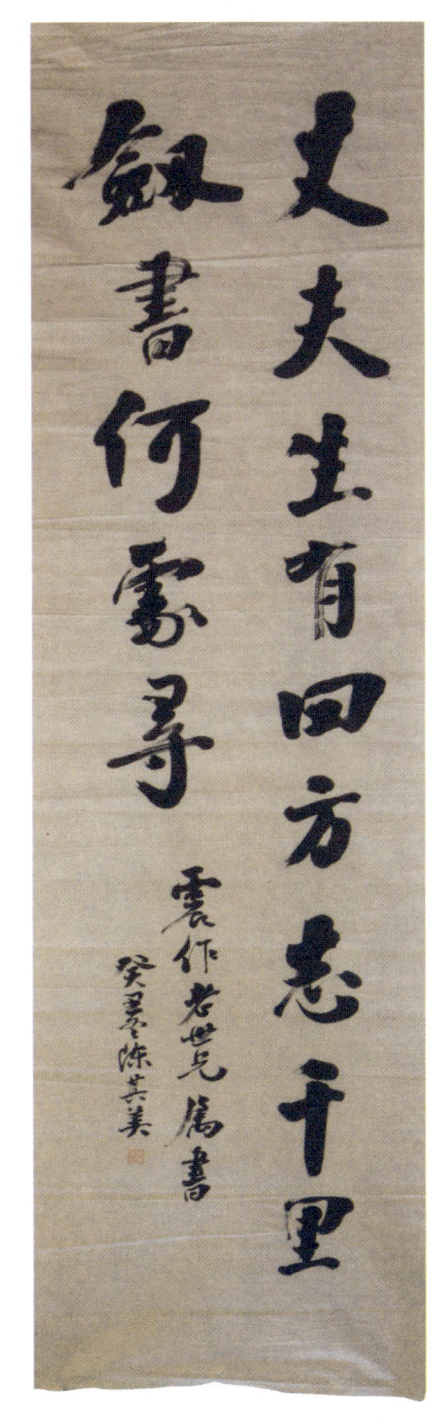

陈其美题字（1913年）

释读

　　丈夫生有四方志，千里剑书何处寻？
　　　震作老世兄属书
　　　　　　癸丑冬　陈其美

陈其美题字

宫崎滔天家藏民国人物书扎手迹（第七卷）

释读

静而后能安
　　录奉四子一句以慰
　龙介老世兄
　　　陈其美

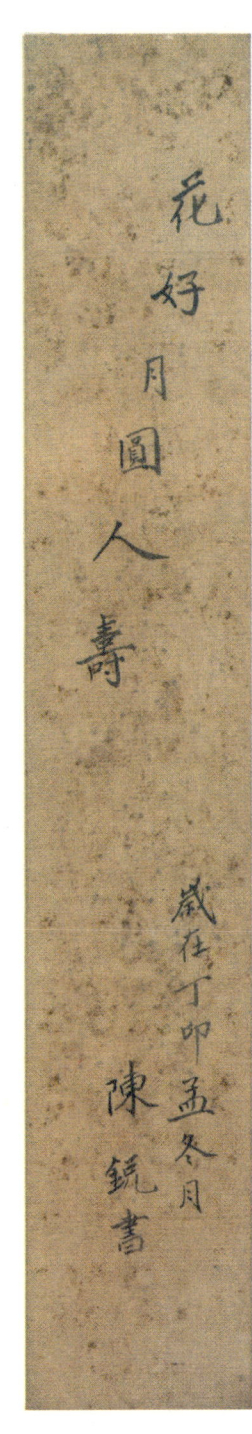

陈锐题字（1927年）

释读

花好 月圆 人寿
　　岁在丁卯孟冬月　陈锐书

陈锐题字（1927年）

释读

高山流水

　　岁在丁卯孟冬　陈锐

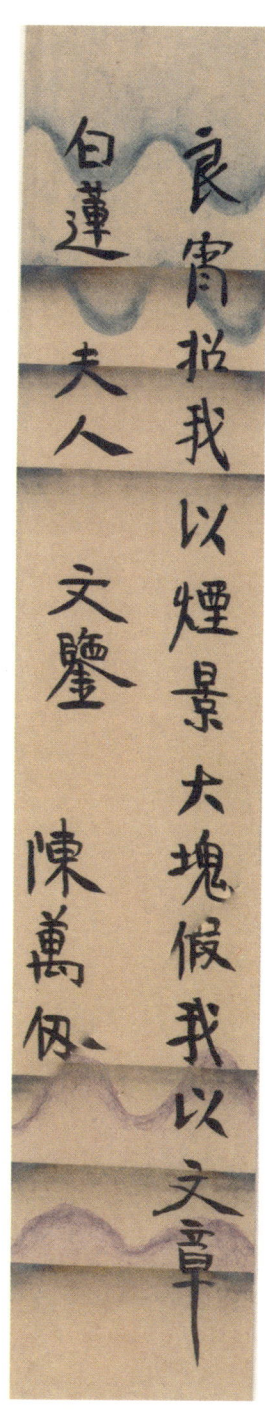

陈万仞题字

释读

良宵招我以烟景,大块假我以文章。
　　白莲夫人文鉴
　　　　陈万仞

结庐在人境而无车马喧
问君何能尔心闲地自偏
录陶句 陈源

陈源题字

释读

结庐在人境,而无车马喧。问君何能尔,心闲〔远〕地自偏。
　　录陶句　陈源

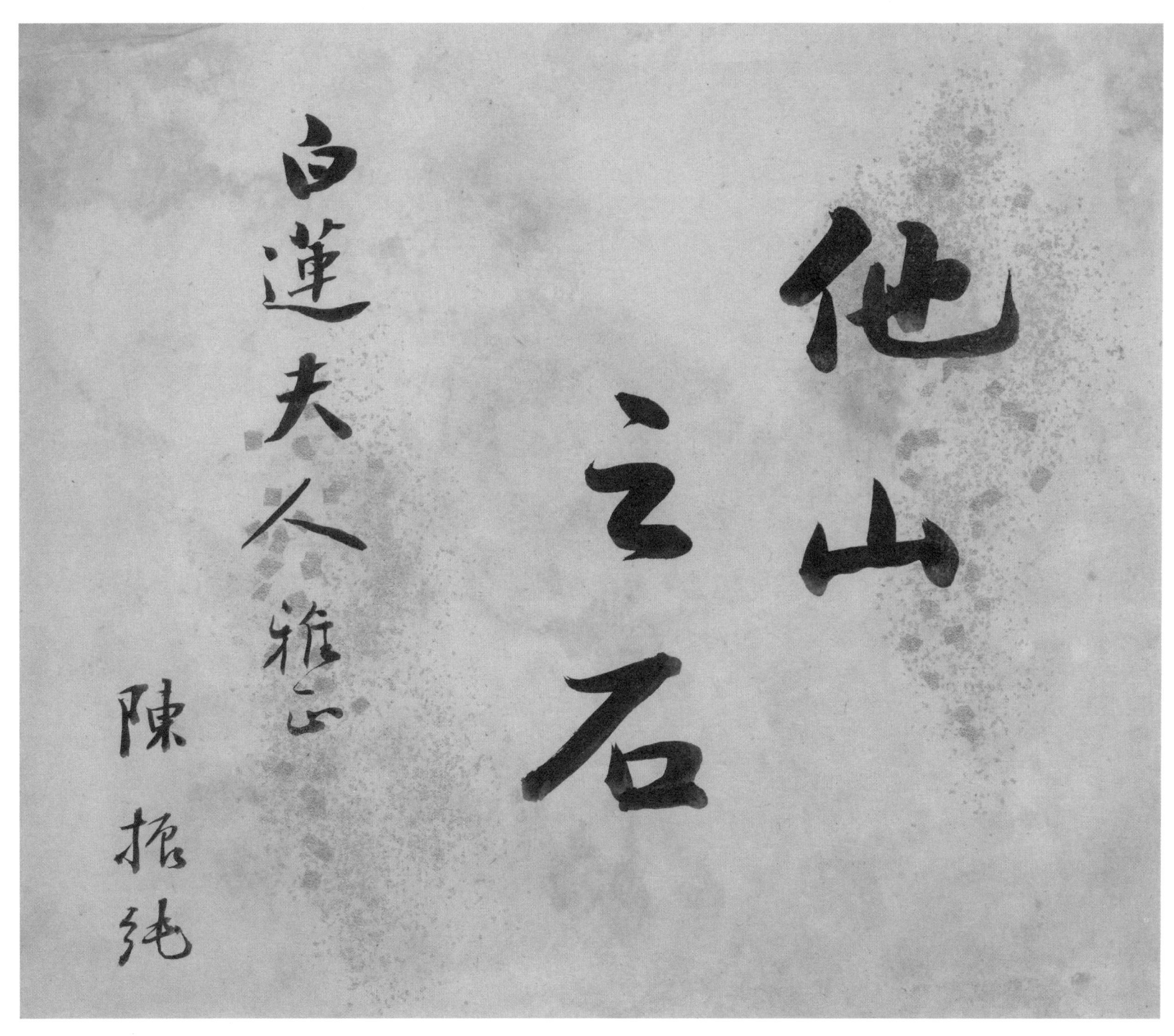

陈振纯题字

释读

　　他山之石
　　　白莲夫人雅正
　　　　　陈振纯

程伯轩题字（1936年）

释读

主为初学分布，但求平正。既知〈平〉平正，务追险绝。既能险绝，复归平正。初谓未及，中则过之。
一九三六年四月书奉
宫崎龙介先生教正
程伯轩

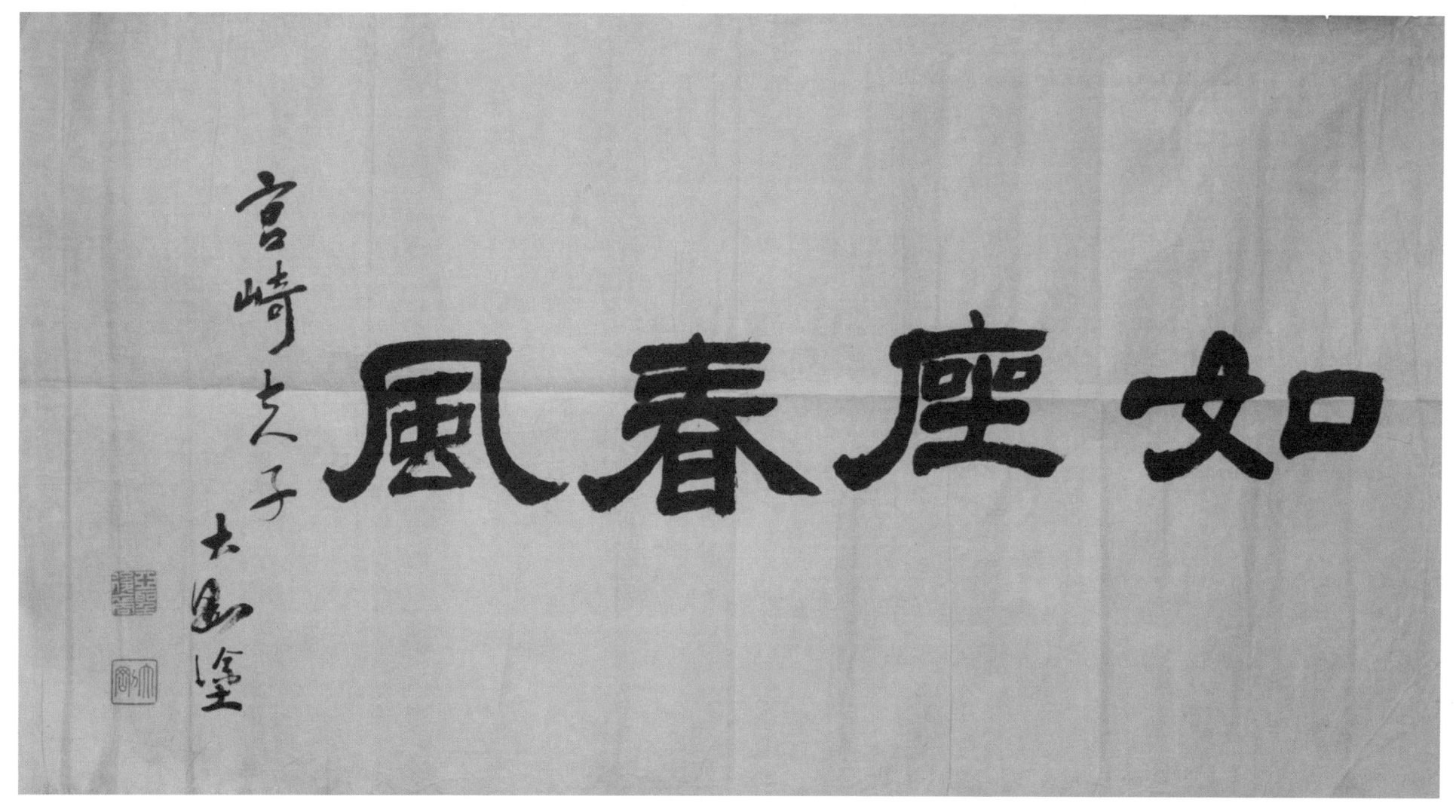

大刚题字

宫崎滔天家藏民国人物书札手迹（第七卷）

释读

如座〔坐〕春风

　　宫崎夫子

　　　　大刚涂

皇祖放一夫曰新銘其盤天應而人順𢦏治六百年永生千載以鳴呼遭陽九蛟龍困溝渠嗟爾將何之

癸丑冬初書辛亥舊作以請

淄夫老前輩雨政

季陶戴傳賢

戴季陶題字（1913年）

释读

皇祖放一夫,日新铭其盘。天应而人顺,垂治六百年。我生千载后,呜呼遭阳九。蛟龙困沟渠,嗟尔将何之。

　　癸丑冬初书辛亥旧作,即请

　滔天老前辈两政

　　　　季陶戴传贤

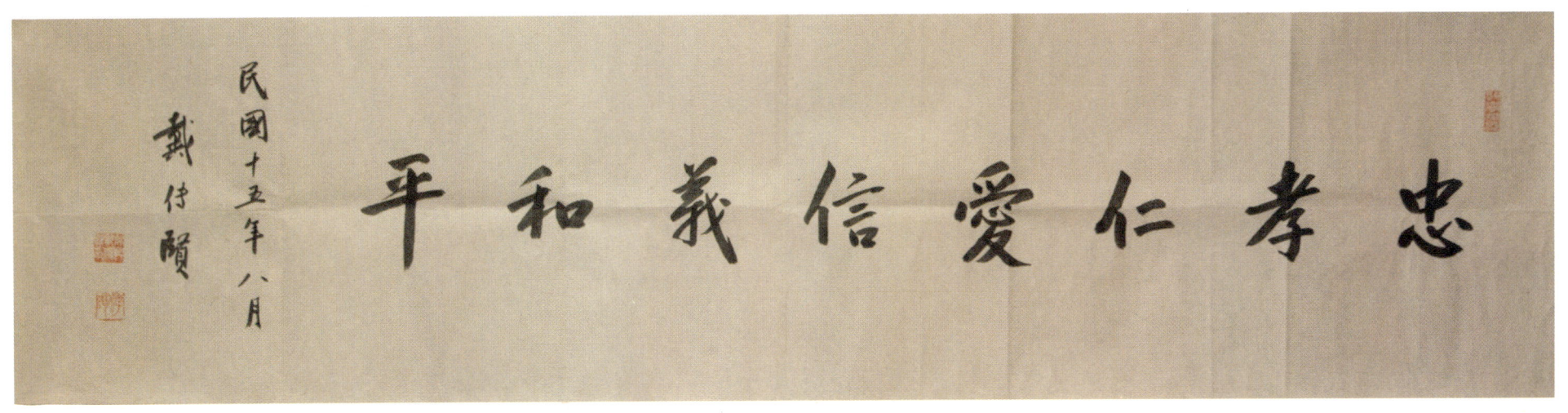

戴季陶题字（1926年8月）

释读

忠孝仁爱　信义和平

　　民国十五年八月　戴传贤书

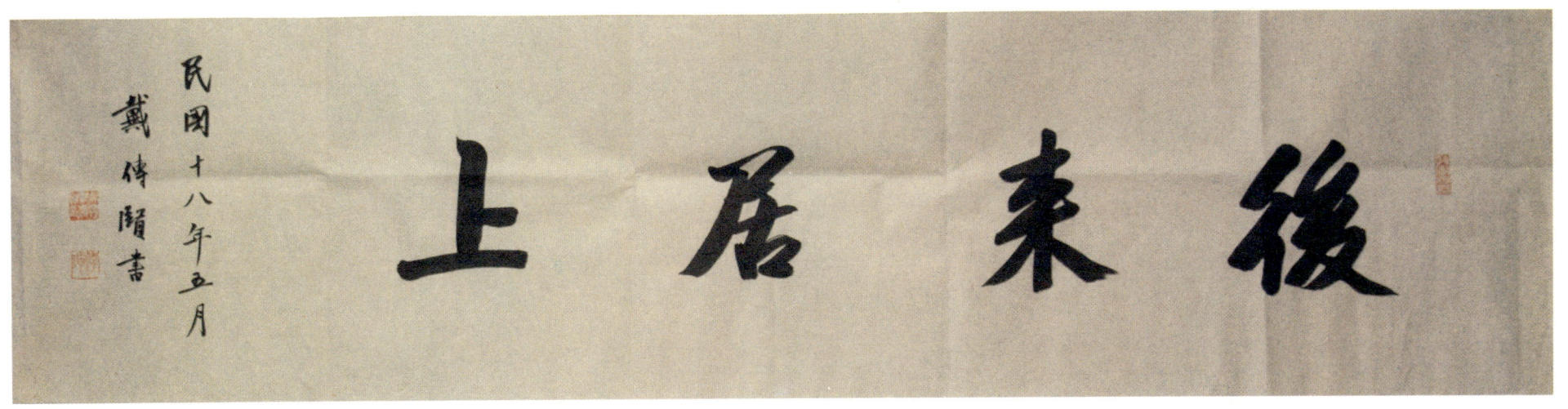

戴季陶题字（1929年5月）

释读

后来居上

　　民国十八年五月　戴传贤书

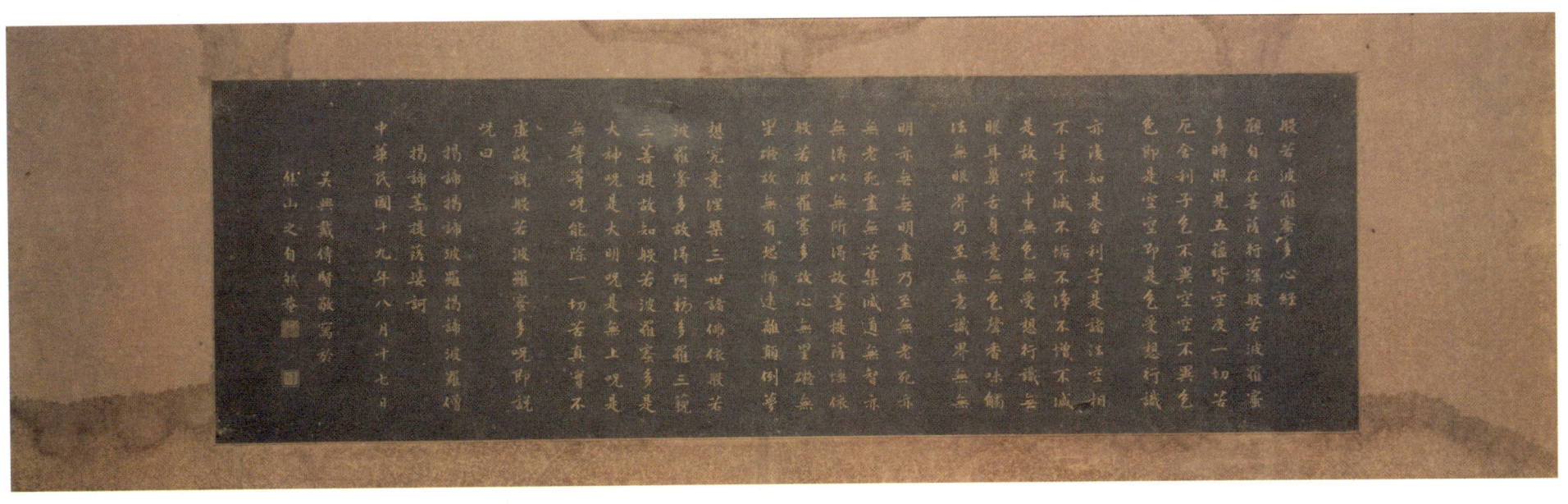

戴季陶题赠《般若波罗蜜多心经》（1930年8月17日）

释读

般若波罗蜜多心经

观自在菩萨,行深般若波罗蜜多时,照见五蕴皆空,度一切苦厄。舍利子,色不异空,空不异色,色即是空,空即是色,受想行识,亦复如是。舍利子,是诸法空相,不生不灭,不垢不净,不增不减。是故空中无色,无受想行识,无眼耳鼻舌身意,无色声香味触法,无眼界乃至无意识界,无无明亦无无明尽,乃至无老死,亦无老死尽,无苦集灭道,无智亦无得。以无所得故,菩提萨埵,依般若波罗蜜多故,心无挂碍;无挂碍故,无有恐怖,远离颠倒梦想,究竟涅槃。三世诸佛,依般若波罗蜜多故,得阿耨多罗三藐三菩提。故知般若波罗蜜多,是大神咒,是大明咒,是无上咒,是无等等咒,能除一切苦,真实不虚。故说般若波罗蜜多咒,即说咒曰:揭谛揭谛,波罗揭谛,波罗僧揭谛,菩提萨婆诃。

中华民国十九年八月十七日

吴兴戴传贤敬写于

焦山之自然庵

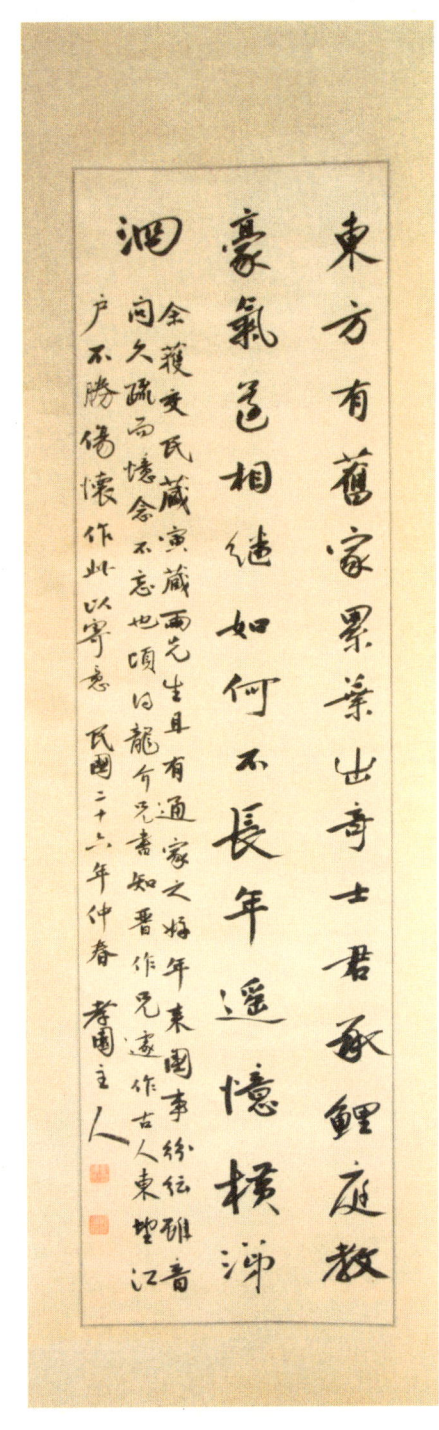

戴季陶题字（1937年）

释读

东方有旧家，累叶出奇士。

君承鲤庭教，豪气遂相继。

如何不长年，遥忆横涕泗。

余获交民藏、寅藏两先生，且有通家之好。年来国事纷纭，虽音问久疏，而忆念不忘也。顷得龙介兄书，知晋作兄遽作古人，东望江户，不胜伤怀。作此以寄意

民国二十六年仲春　孝园主人

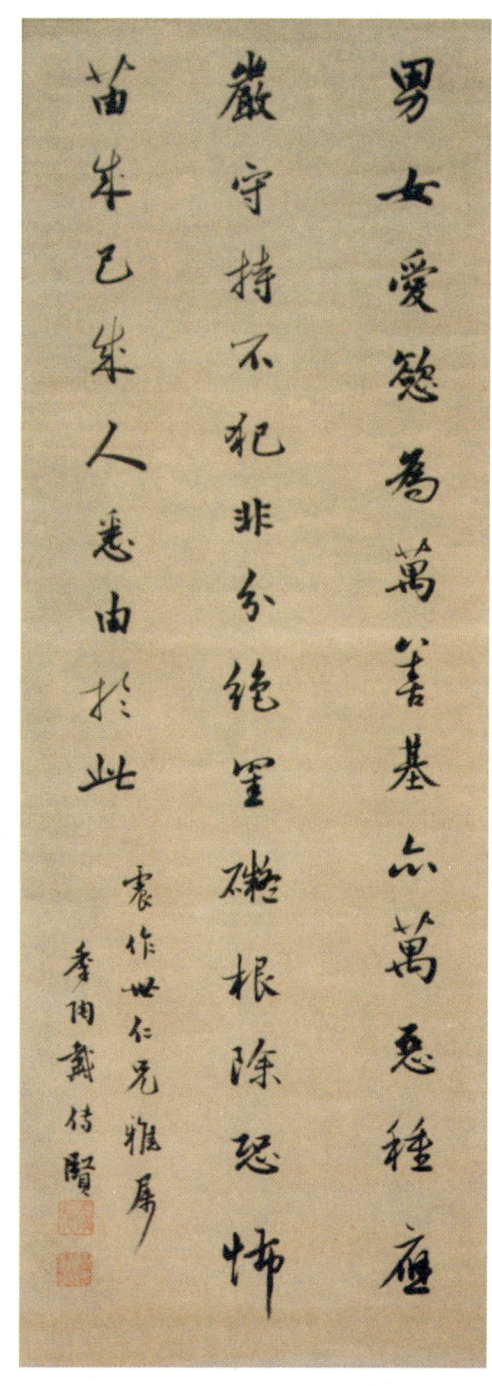

戴季陶题字

释读

男女爱欲为万善基，亦万恶种。应严守持，不犯非分，绝罣碍根，除恐怖苗。成己成人，悉由于此。
　　震作世仁兄雅嘱
　　　　季陶戴传贤

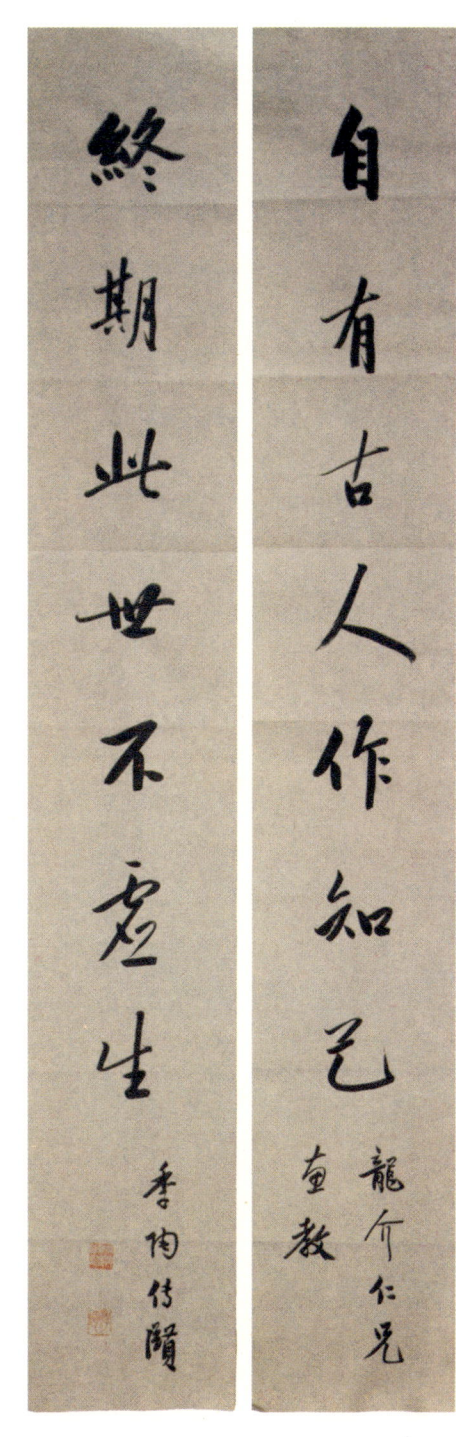

戴季陶题字

释读

自有古人作知己,终期此世不虚生。
　　龙介仁兄惠教
　　　　季陶传贤

一春流水生蘭若

終日清風在竹林

白崇禧玄人直正

季陶戴傳賢

戴季陶題字

释读

一春流水生兰若，终日清风在竹林。
　　白莲贤夫人惠正
　　　　季陶戴传贤

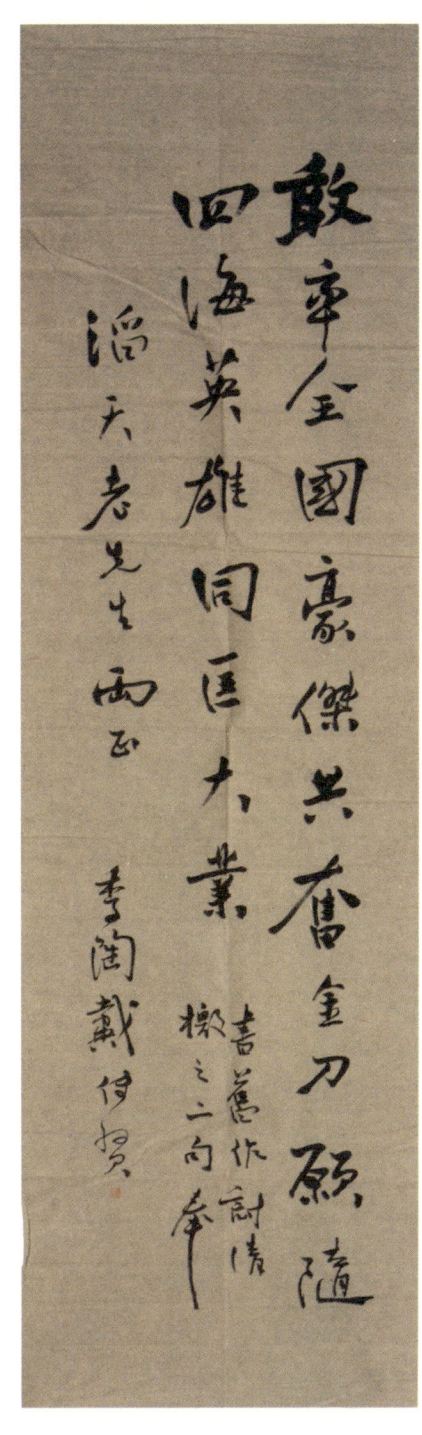

戴季陶題字

释读

敢率全国豪杰共奋金刀，愿随四海英雄同匡大业。
　　书旧作《讨清檄》之二句，奉
　滔天老先生两正
　　　　季陶戴传贤

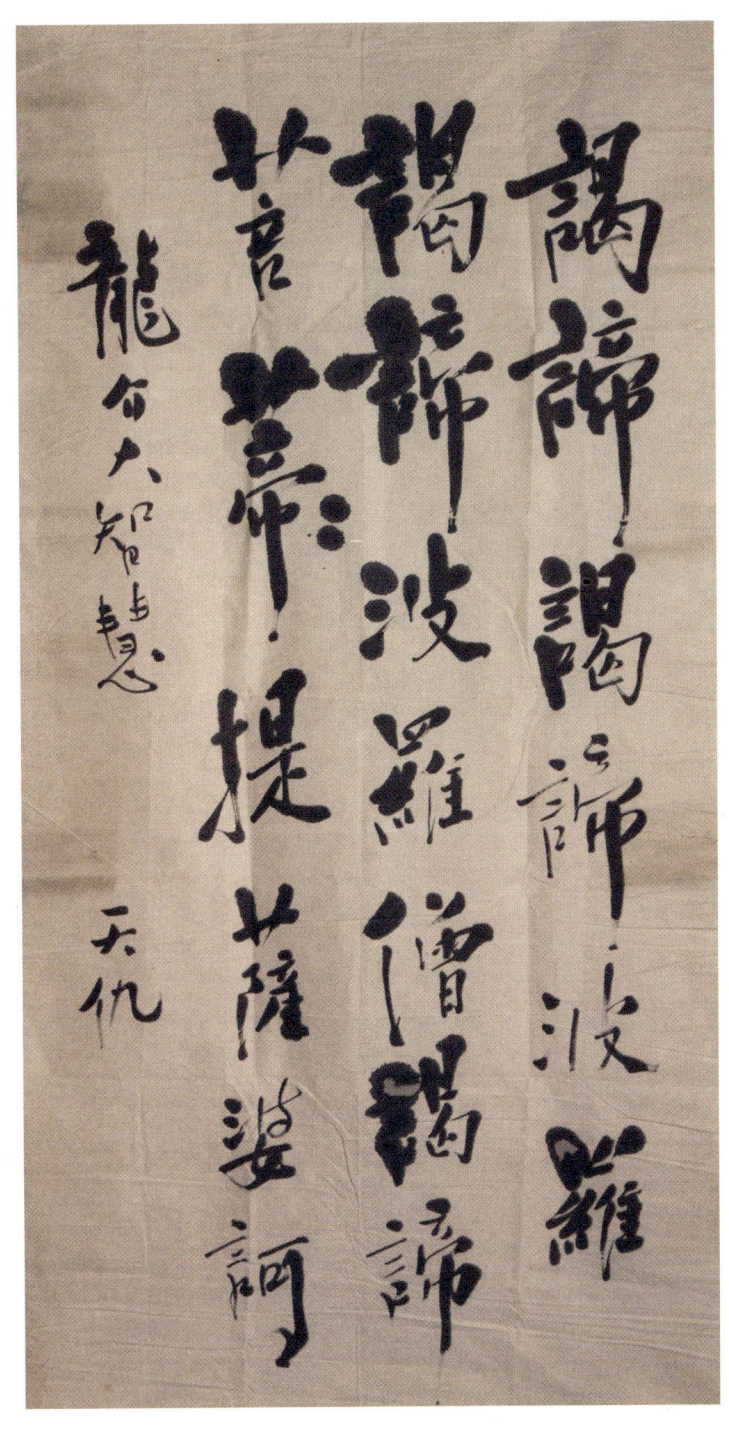

戴季陶題字

释读

揭谛揭谛，波罗揭谛，波罗僧揭谛，菩提萨婆诃。
　　龙介大智慧
　　　　天仇

清秋長寂寂故人萬里鎖綿綿道阻遠相思意何如咋夜流風至吹我素羅襦孤鴻聲嘹嘹月影疏疏徘徊中心長次復然

巍巍蜀山高浩浩蜀水長行行倦遊人欲歸歸不得雁飛不到西江流難向北青青河畔草巖巖上不絕悠永此憂聲聲

杜宇注枝葉木同根枯榮何參差兄弟本同胞胡為長別離昔同庾口謀吉兇詩在共大故眠逝良串相隨永追戎旗倦情依孤大地何鳥莕孤立不藐陝隅同欲西空步以肘推

鎔篆世作
滬六奇人名元已
戴戟諱稿

戴季陶題字

释读

清秋长寂寂,故人万里馀。绵绵道阻远,相思意何如。
昨夜凉风至,吹我素罗裾。孤蠹声唧唧,残月影疏疏。
徘徊复徘徊,中心长次且。
巍巍蜀山高,浩浩蜀水急。行行倦游人,欲归归不得。
雁飞不到西,江流难向北。青青河畔草,岩岩山上石。
悠悠我心忧,声声杜宇泣。
枝叶本同根,枯荣何参差。兄弟本同胞,胡为长别离。
忆昔同居处,日课书与诗。夜共大被眠,游息常相随。
天地何无情,使我追戍旗。倦鸟若孤飞,飞飞悲落晖。
陟冈欲西望,步步心肝摧。
　　录旧作奉
　滔天奇人老先生两正
　　　　粹人天仇

戴季陶赠白莲女士画作

释读

白莲世嫂清玩

　　　传贤

戴季陶题字

释读

欲拟化他人，自须有方便。
勿令彼有疑，即是自性现。
　　　　　　季陶

晓来谁染霜林醉总是离人泪

戴季陶题字

释读

晓来谁染霜林醉,总是离人泪。

季陶

戴季陶題字

释读

一切有为法，如梦幻泡影。
如露亦如电，应作如是观。
　　　　　　季陶

戴季陶题字

释读

东方人有罪，念佛求生西方。
西方人有罪，念佛求生何国？
　　　　　　季陶

戴季陶題字

释读

年年春树发,岁岁春花开。
春花复春树,遮断长安长安路
　白莲夫人雅正
　　　　传贤　五月五日

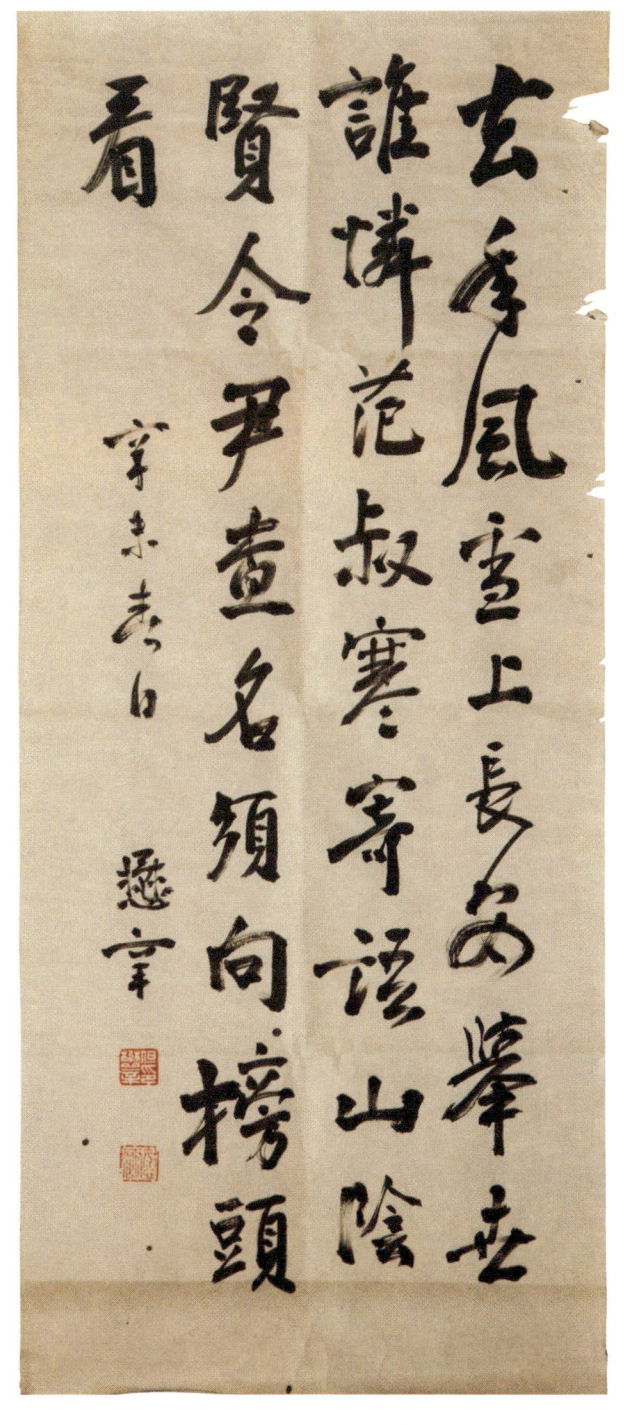

但懋辛题字（1931年）

释读

去年风雪上长安，举世谁怜范叔寒。
寄语山阴贤令尹，查名须向榜头看。

辛未春日　懋辛

浩氣長存

滔天先生為吾國奔走革命歷有年所甚至功佛跡眙二夫人耳目海內外同志無不感佩云義儉足以詔示天下今於其逝世後十年其哲嗣甘君以册紀念並以表追遠之忱爰宿舍以利辛國榮子烹正善地爰書敬序誌之
辛未春 但懋辛

但懋辛題字（1931年）

释读

浩气长存

滔天先生为吾国奔走革命历有年所,其丰功伟迹昭昭在人耳目,海内外同志无不感佩。其义侠足以诏示天下。今于其逝世后十年,其哲嗣等为之创立纪念堂,以表追远之忱,并设宿舍以利吾国学子,意至善也。爰书数语志之。

辛未春　但懋辛

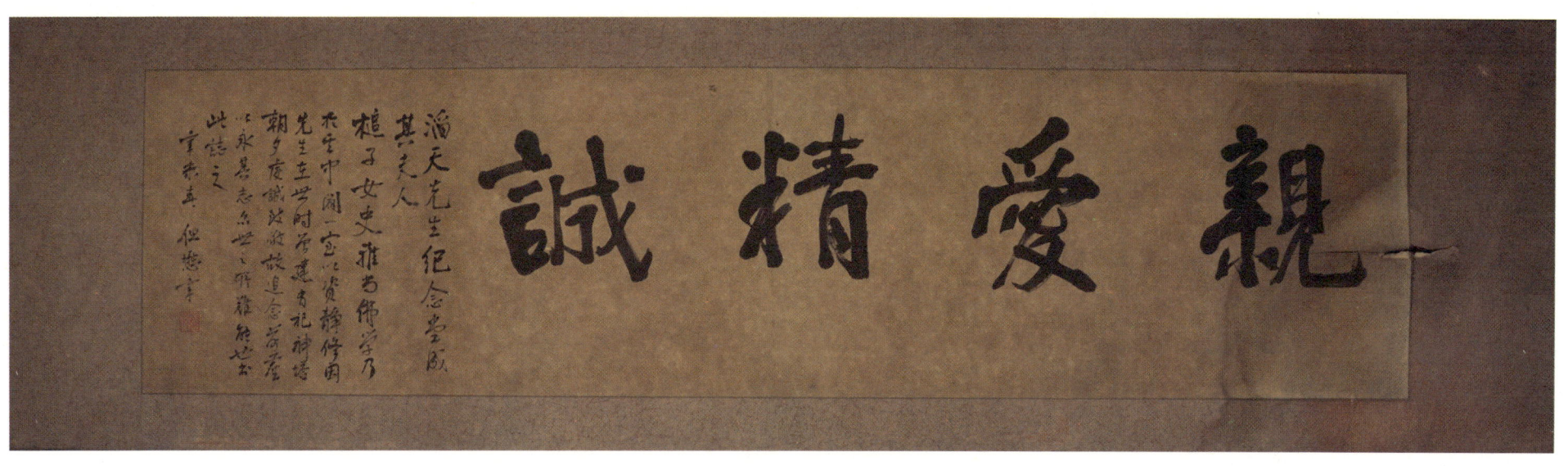

但懋辛题字（1931年）

释读

亲爱精诚

滔天先生纪念堂成，其夫人槌子女史雅尚佛学，乃于堂中辟一室，以资静修。因先生在世时曾建有祀神塔，朝夕虔诚致敬，故追念前尘，以永其志，亦世之所难能也。书此以志之

辛未春　但懋辛

故國河山付劫灰且開懷抱暫徘徊攘衣直上蓬萊頂目断詞人疑欲來 疑衍

龍介同志兄雅正 懋辛

但懋辛題字

释读

故国河山付劫灰,且开怀抱暂徘徊。
振衣直上蓬莱顶,目断词人(疑)款段来。("疑"衍)
　龙介同志兄雅正
　　　　懋辛

邓恢宇赠湘绣

释读

　　滔天先生哂纳
　　　　湖南　陈敏绣度针
　　　　　　邓恢宇敬赠

耕去園西釦
摸桑默棋前
逢兵斷腸過
寅韋賴東岸
隱返國南冀
秦先象觀博
覽令人義政祖
內闖蜀于愴廻首
非吻遙一望省道
沐猴野射狼

宮崎先生嘱 窦家法

释读

奔走国事到扶桑，默想前途实断肠。
过关幸赖东皋隐，返国尚冀嬴秦光。
参观博览令人羡，改组内阁触予伤。
回首神州遥一望，当道沐猴野豺狼。
　　宫崎先生嘱
　　　　家法

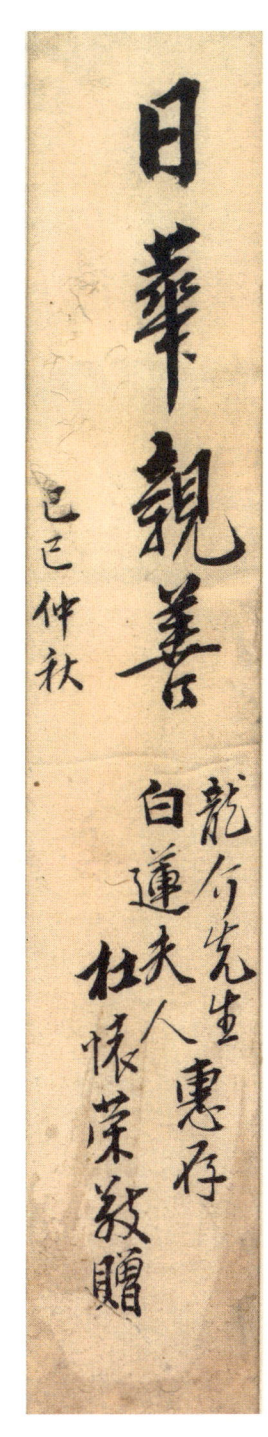

杜怀荣题字（1929年）

宫崎滔天家藏民国人物书札手迹（第七卷）

释读

日华亲善
　龙介先生　白莲夫人惠存
　　　　　杜怀荣敬赠　己巳仲秋

屈原既放三年不得復見
竭智盡忠而蔽障於讒心
煩慮亂不知所從乃往見太
卜鄭詹尹曰余有所疑願因
先生決之詹尹乃端策拂
龜曰君將何以教之屈原曰
吾寧悃悃款款朴以忠乎將
送往勞來斯無窮乎寧誅
鋤草茅以力耕乎將游大
人以成名乎寧正言不諱
以危身乎將從俗富貴以媮
生乎寧超然高舉以保真乎
將哫訾栗斯喔咿嚅唲以事
婦人乎寧廉潔正直以自清
乎將突梯滑稽如脂如韋以
潔楹乎寧昂昂若千里之駒
乎將汎汎若水中之鳧乎與
波上下偷以全吾軀乎寧與騏
驥亢軛乎將隨駑馬之跡乎
與黃鵠比翼乎將與雞鶩爭
食乎此孰吉孰凶何去何從世溷濁
而不清蟬翼為重千鈞為輕
黃鐘毀棄瓦釜雷鳴讒人高張賢士
無名吁嗟默默兮誰知吾之廉貞詹
尹乃釋策而謝曰夫尺有所短寸
有所長物有所不足智有所不明
數有所不逮神有所不通用君之
心行君之意龜策誠不能知其事

戊午孟夏為
福天先生正之
　　杜羲書

释读

屈原既放，三年不得复见。竭智尽忠而蔽障于谗，心烦虑乱，不知所从。乃往见太卜郑詹尹曰："余有所疑，愿因先生决之。"詹尹乃端策拂龟，曰："君将何以教之？"

屈原曰："吾宁悃悃款款，朴以忠乎？将送往迎〔劳〕来，斯无穷乎？

"宁诛锄草茅以力耕乎？将游大人以成名乎？宁正言不讳以危身乎？将从俗富贵以同偷生乎？宁超然高举以保真乎？将促〔呢〕訾栗斯，喔咿儒呢，以事妇人乎？宁廉洁正直以自清乎？将突梯滑稽，如脂如韦，以洁楹乎？

"宁昂昂若千里之驹乎？将泛泛若水中之凫，与波上下，偷以全吾躯乎？宁与骐骥亢轭乎？将随驽马之迹乎？宁与黄鹄比翼乎？将与鸡鹜争食乎？

"此孰吉孰凶？何去何从？

"世溷浊而不清：蝉翼为重，千钧为轻；黄钟毁弃，瓦釜雷鸣；谗人高张，贤士无名。吁嗟默默兮，谁知吾之廉贞！"

詹尹乃释策而谢曰："夫尺有所短，寸有所长；物有所不足，智有所不明；数有所不逮，神有所不通。用君之心，行君之意，龟策诚不能知其事。"

戊午孟夏为

滔天先生正之

杜羲书

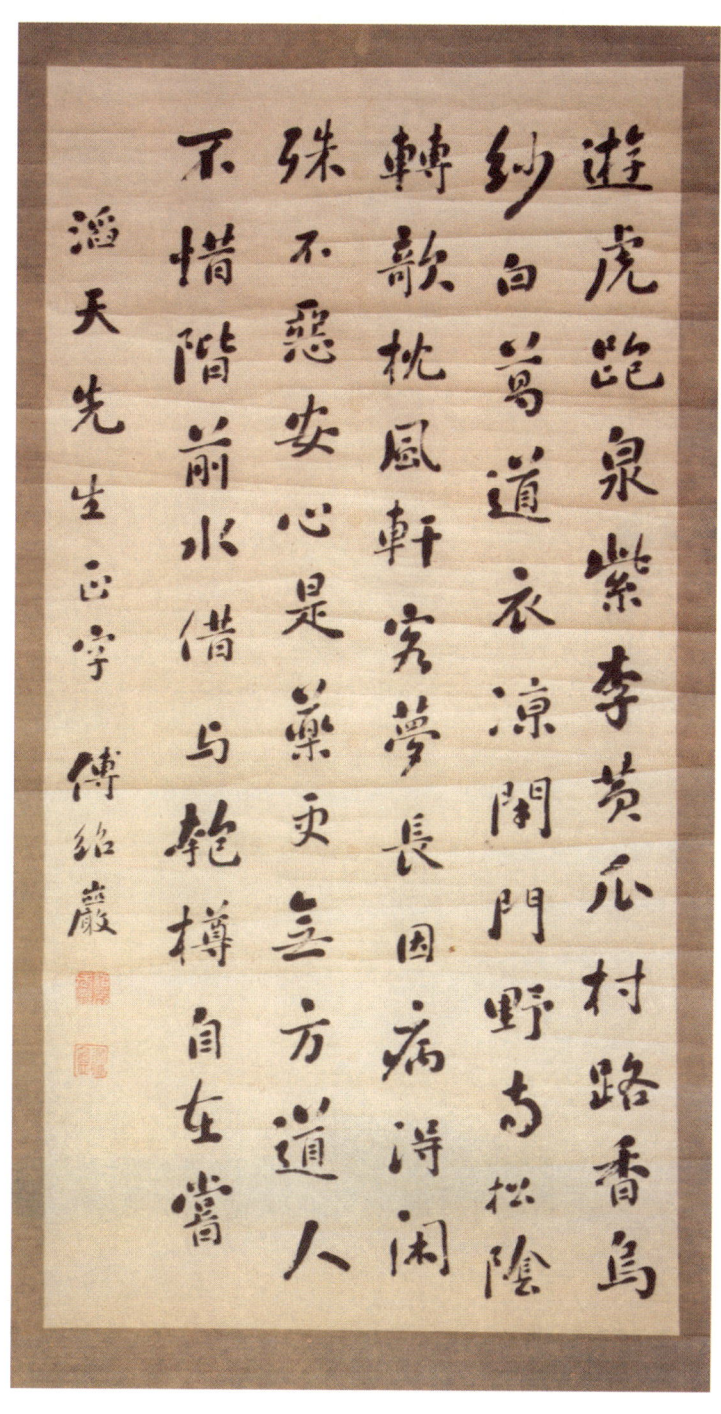

傅绍严题字

释读

游虎跑泉

紫李黄瓜村路香,乌纱白葛道衣凉。

闭门野寺松阴转,欹枕风轩客梦长。

因病得闲殊不恶,安心是药更无方。

道人不惜阶前水,借与匏樽自在尝。

滔天先生正字

傅绍严

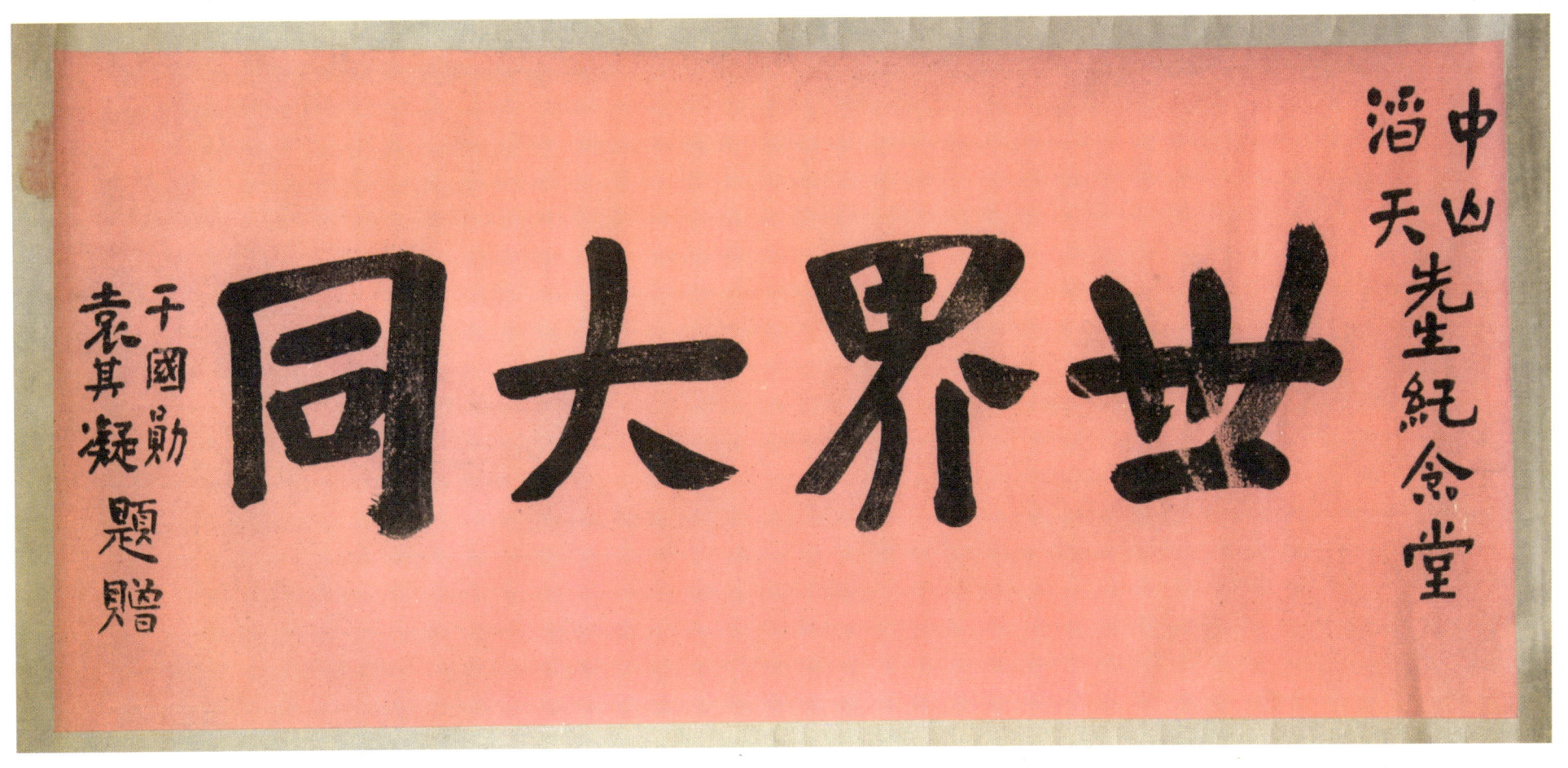

干国勋、袁其凝题字

释读

    中山 滔天先生纪念堂
  世界大同
      干国勋 袁其凝 题赠

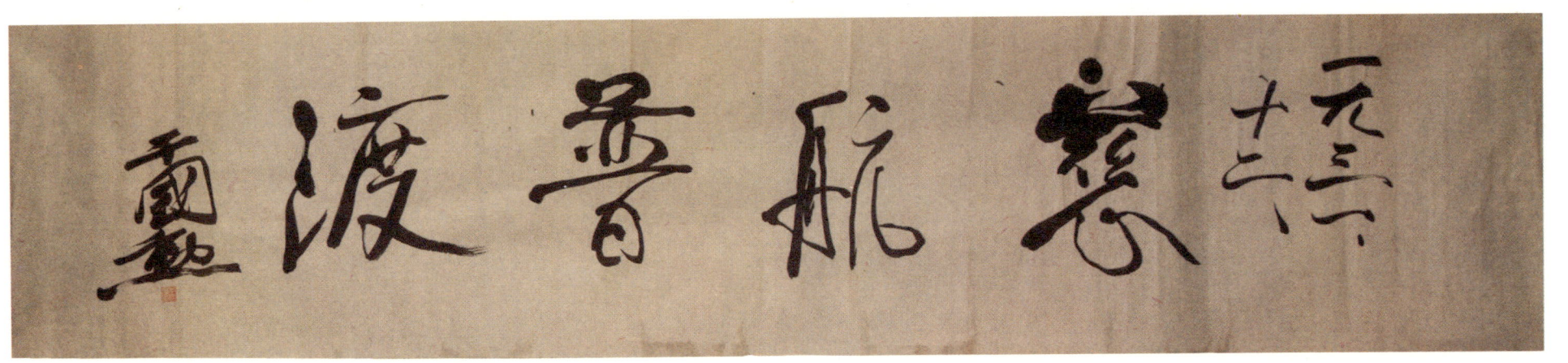

干国勋题字（1931年12月）

释读

慈航普渡

干国勋

一九三一、十二、

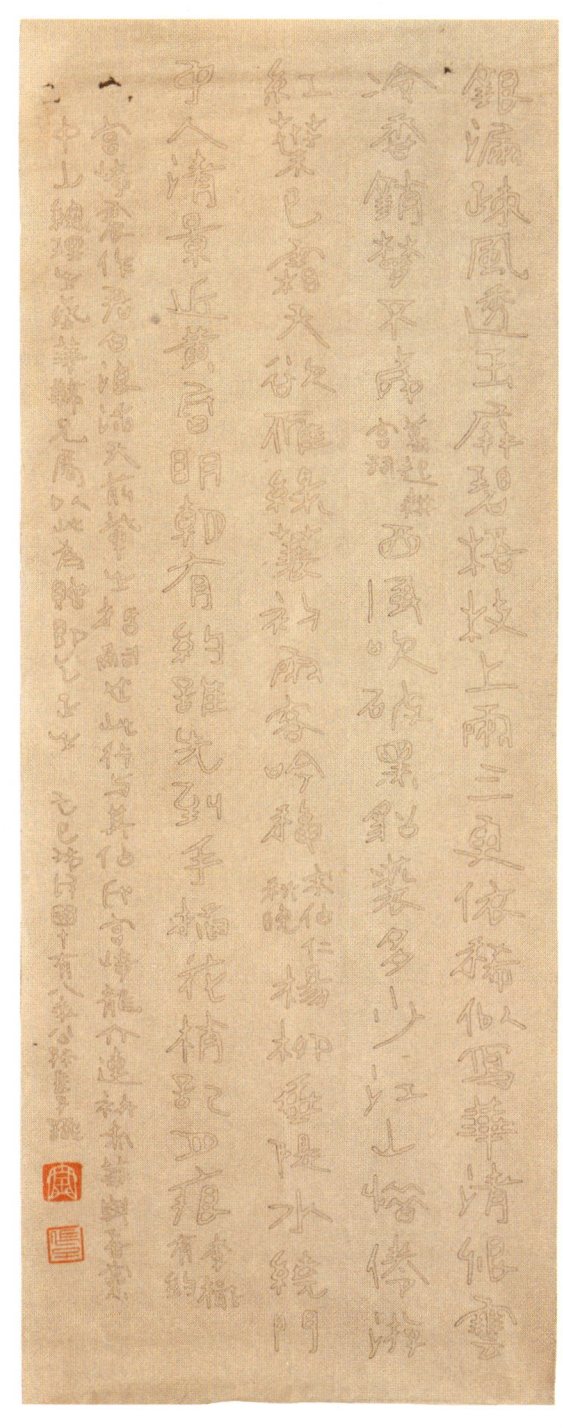

公孙长子题字

释读

银漏疏风透玉屏，碧梧枝上雨三更。依稀似写华清恨，云冷香消梦不成。（葛起耕《宫词》）

西风吹破黑貂裘，多少江山惜倦游。红叶已霜天欲雁〔暮〕，绿蓑初雨客吟秋。（宋伯仁《秋晚》）

杨柳垂堤水绕门，可人清景近黄昏。明朝有约谁先到，手掐花梢记月痕。（李楫《有约》）

  宫崎震作君，白浪滔天前辈之哲嗣也。此行与其伯氏宫崎龙介连袂来华，与吾党中山总理之葬，华莘兄属以此为赠，即乞正之

    己巳□民国十有八年　公孙长子□

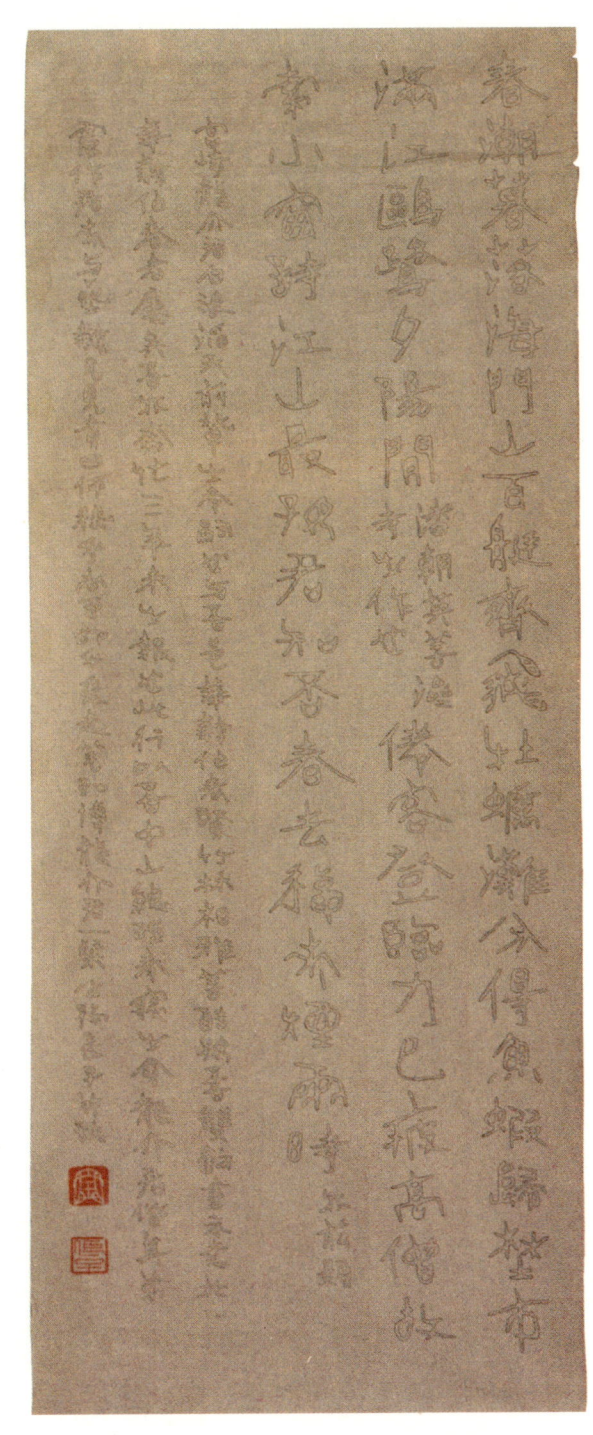

公孙长子题字

释读

春潮暮落海门山，百艇齐飞牡蛎滩。分得鱼虾归野市，满江鸥鹭夕阳间。（潘朝英《善济寺》之作也）

倦客登临力已疲，高僧故索小窗诗。江山最好君知否，春去秋来烟雨时。（亦前题）

宫崎龙介君，白浪滔天前辈之令嗣也，与吾邑华垟伯春贤竹林相雅善，酷好吾双钩书，示意于华垟伯春者屡矣。吾亦奔忙三年，未之报也。此行以吾中山总理奉寝之会，龙介君偕其弟震作君来与葬，垟兄见责曰：何稽乎者，可却乎？爰走笔即博

龙介君一粲。

公孙长子并志

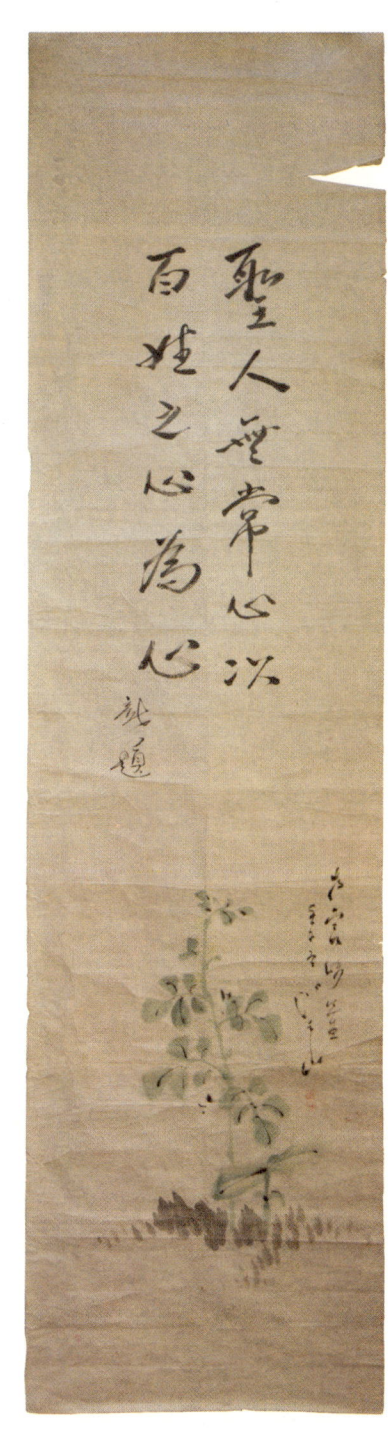

宫崎龙介题字

宫崎滔天家藏民国人物书札手迹（第七卷）

释读

圣人无常心，以百姓之心为心。
　　　　　　龙介题

宮崎滔天題字

释读

有待

　　白浪庵

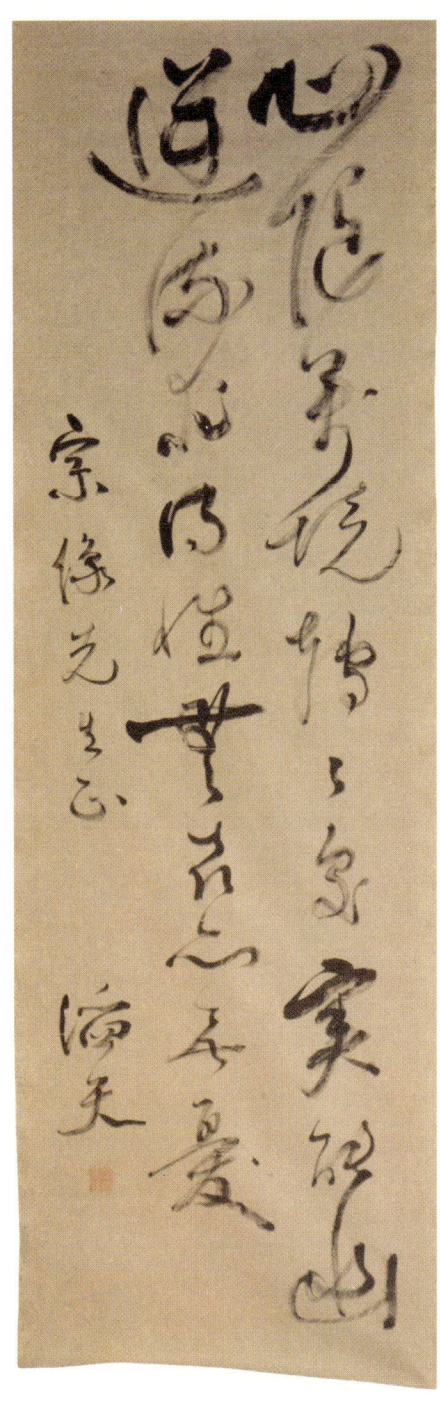

宫崎滔天题字

释读

心随万境转,转处实能幽。逆流识得性,无喜亦无忧。
宗像先生正
滔天

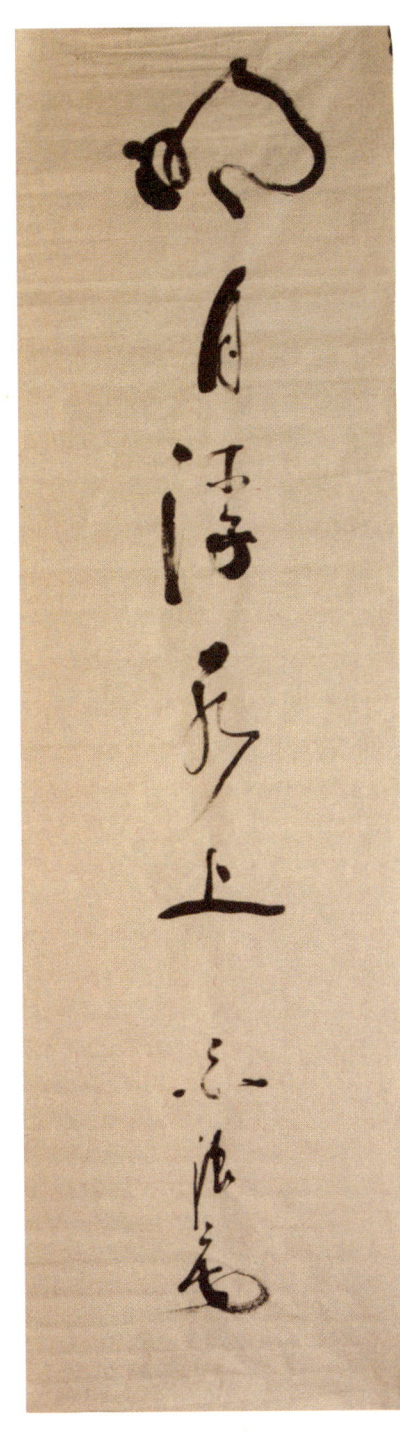

宫崎滔天题字

释读

明月浮水上
　　白浪庵

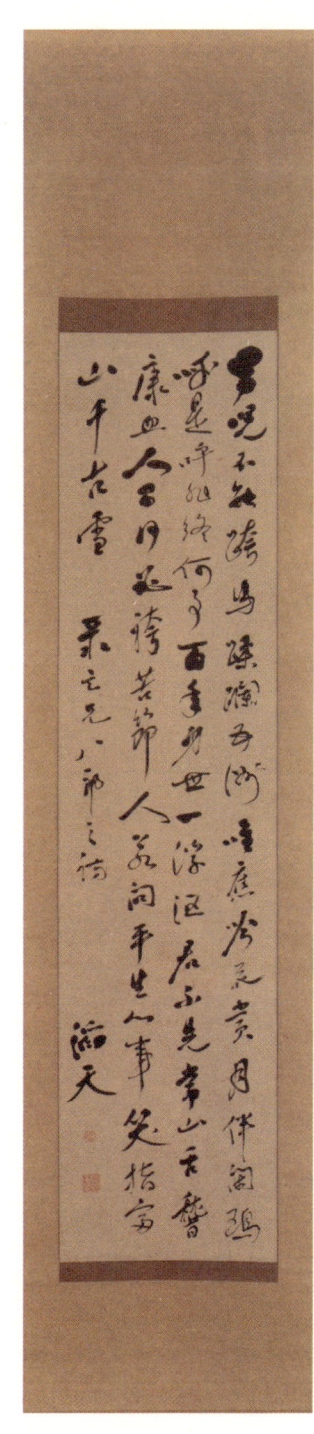

宫崎滔天题字

释读

男儿不能跨马蹂躏五洲,
唯应吟花赏月伴闲鸥。
呼是呼非终何事,
百年身世一浮沤。
君不见常山舌嵇康〔侍中〕血,
人生何必夸苦节。
人若问平生心事,
笑指富山千古雪。
　　录亡兄八郎之诗
　　　　　　滔天

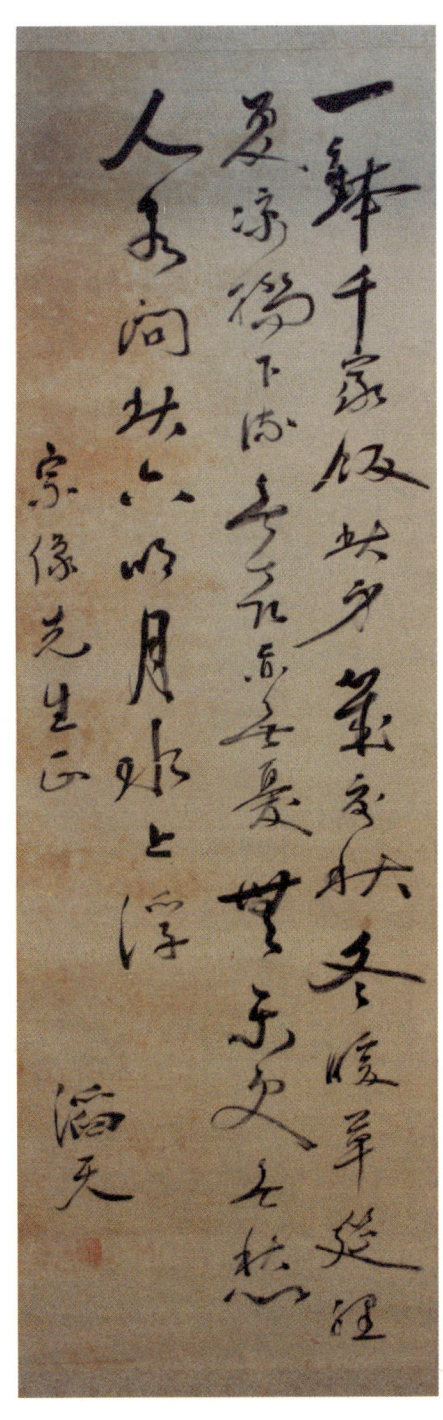

宫崎滔天题字

释读

　　一钵千家饭，此身几度秋。
　　冬暖草筵里，夏凉桥下流。
　　无喜亦无忧，无乐更无愁。
　　人若问此下，明月水上浮。
　　　宗像先生正
　　　　　滔天

何海鸣题字

释读

淡泊以明志，宁静以致远。
　　滔天先生正
　　　　何海鸣

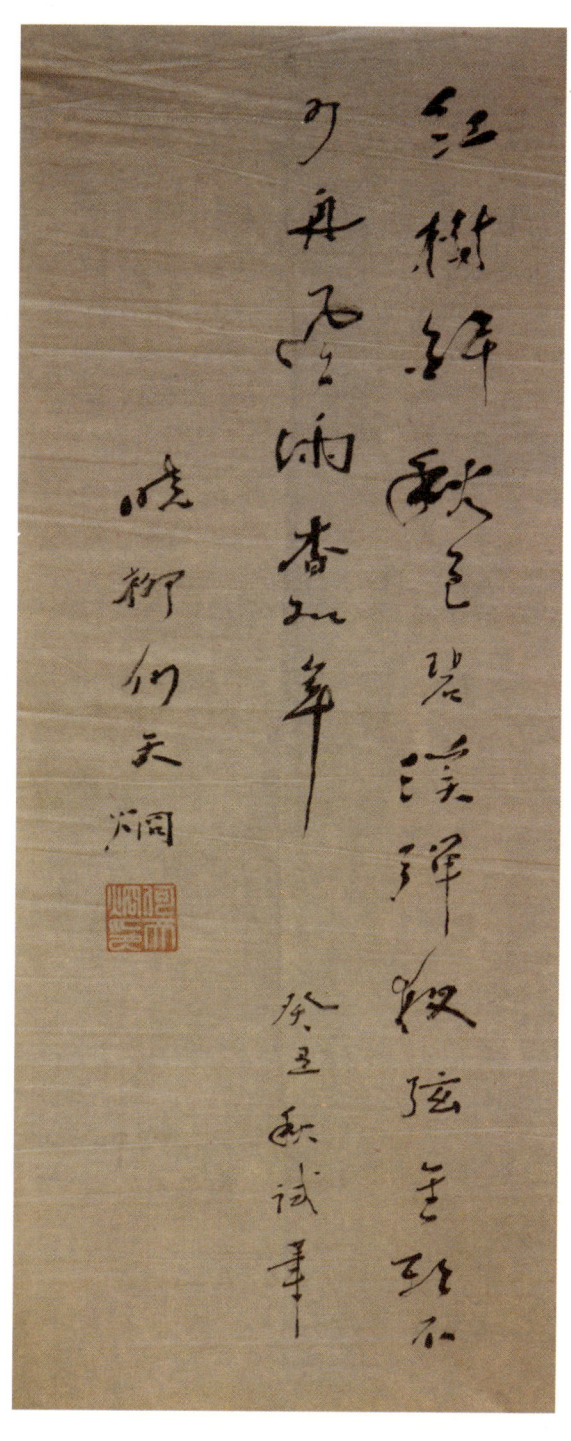

何天炯题字（1913年）

释读

红树醉秋色，碧溪弹夜弦。
佳期不可再，风雨杳如年。
　　　　癸丑秋试笔　晓柳何天炯

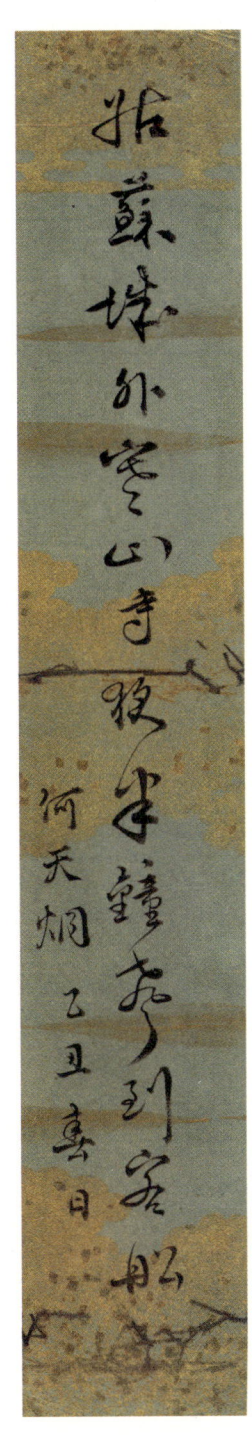

何天炯题字（1925年）

释读

姑苏城外寒山寺，夜半钟声到客船。

何天炯　乙丑春日

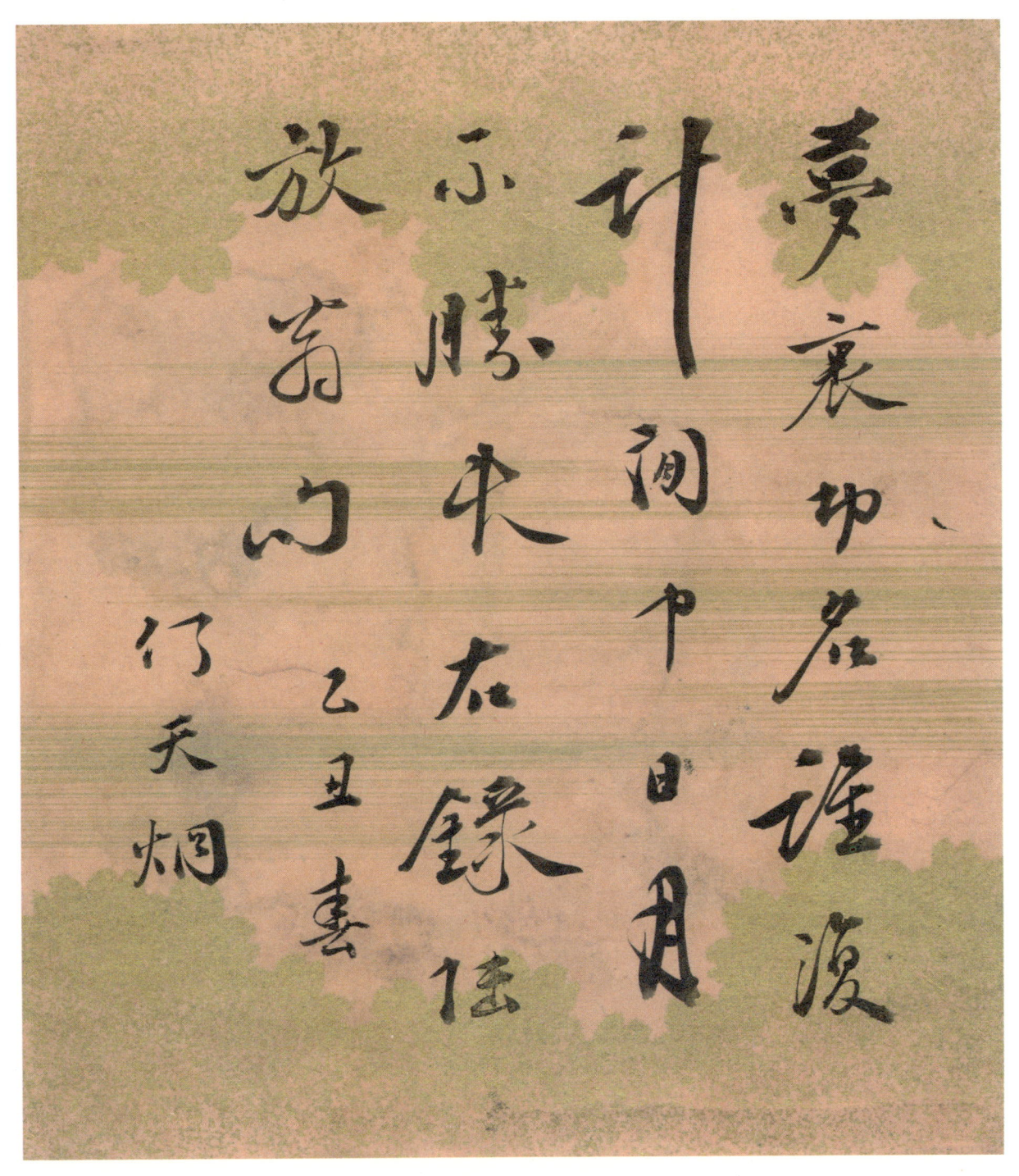

何天炯题字（1925年）

释读

梦里功名谁复计,闲中日月不胜长。
　　右录陆放翁句
　　　　乙丑春　何天炯

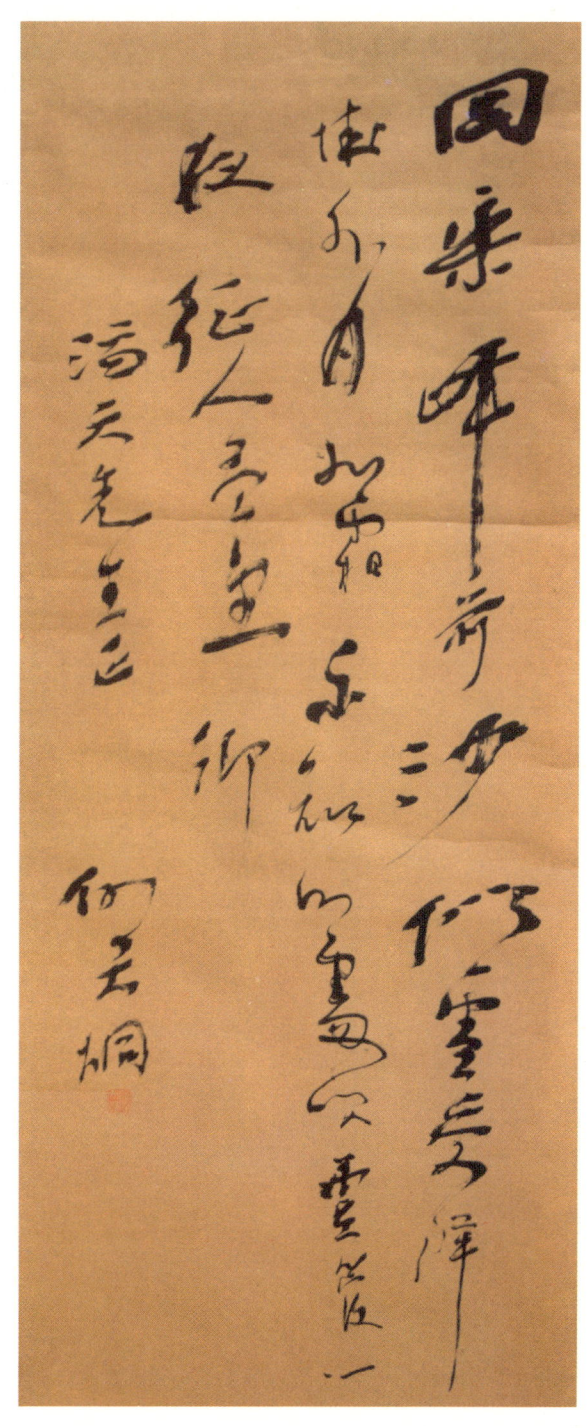

何天炯题字

释读

  回乐峰前沙似雪，受降城外月如霜。
  不知何处吹芦管，一夜征人尽望乡。
   滔天先生正
     何天炯

何天炯题字

释读

人似梅花风流瘦骨
才如天马日下腾骧
　滔天仁兄大人雅正
　　　　何天炯敬书于申江

何天炯题字

释读

莲，花之君子也。

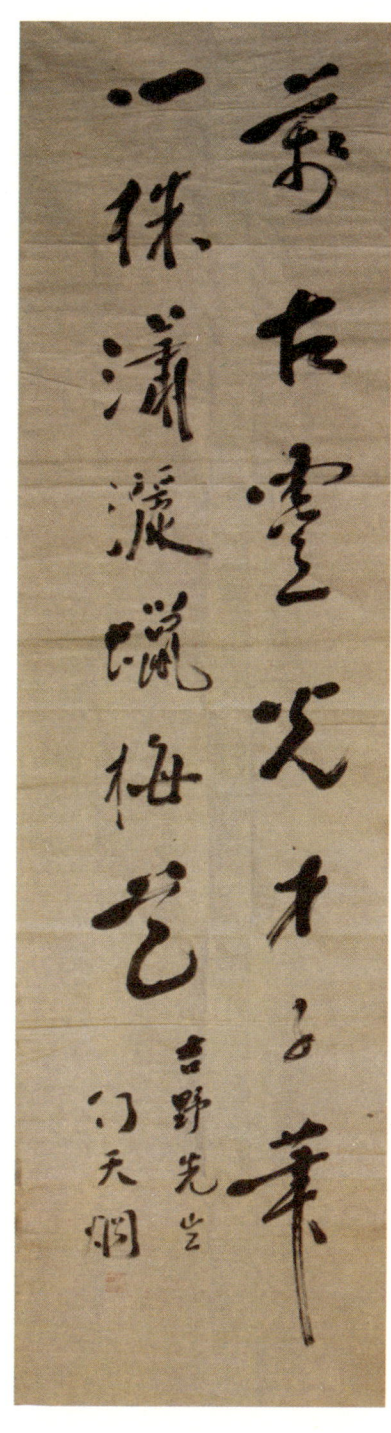

何天炯题字

释读

万古灵光才子笔,一株潇洒腊梅花。
  吉野先生
    何天炯

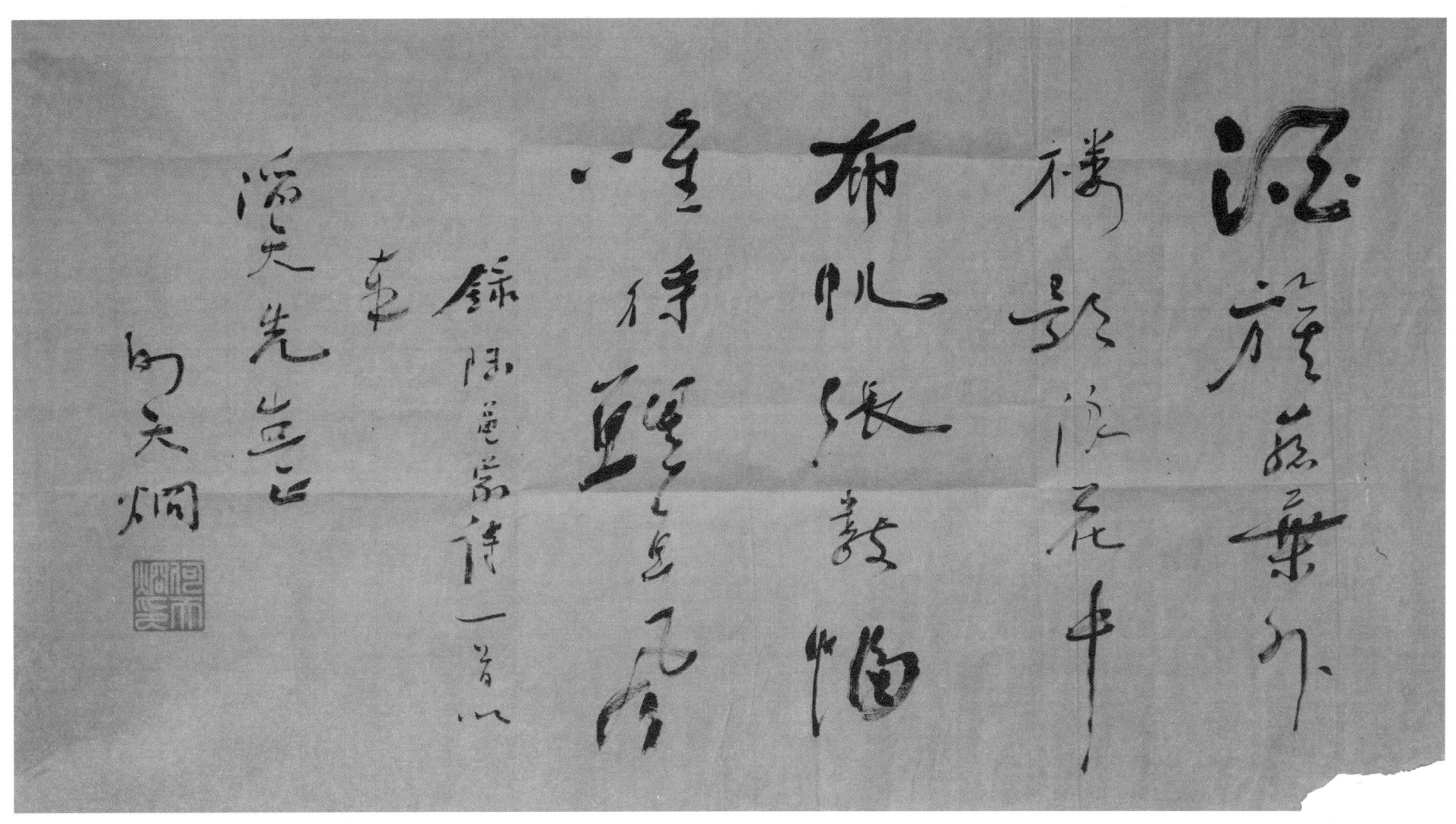

何天炯题字

释读

酒旗菰叶外，楼影浪花中。
布帆张数幅，唯待鲤鱼风。
　　录陆龟蒙诗一首以奉
　滔天先生正
　　　何天炯

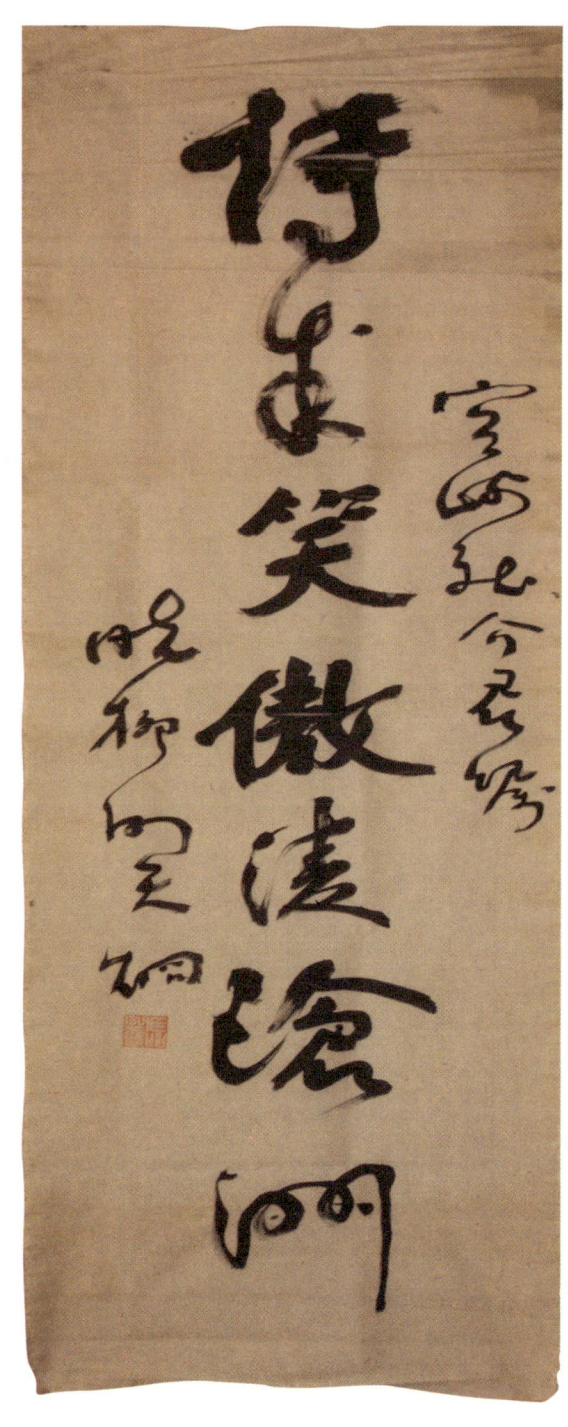

何天炯题字

宫崎滔天家藏民国人物书札手迹（第七卷）

释读

诗成笑傲凌沧洲
　宫崎龙介君嘱
　　晓柳何天炯

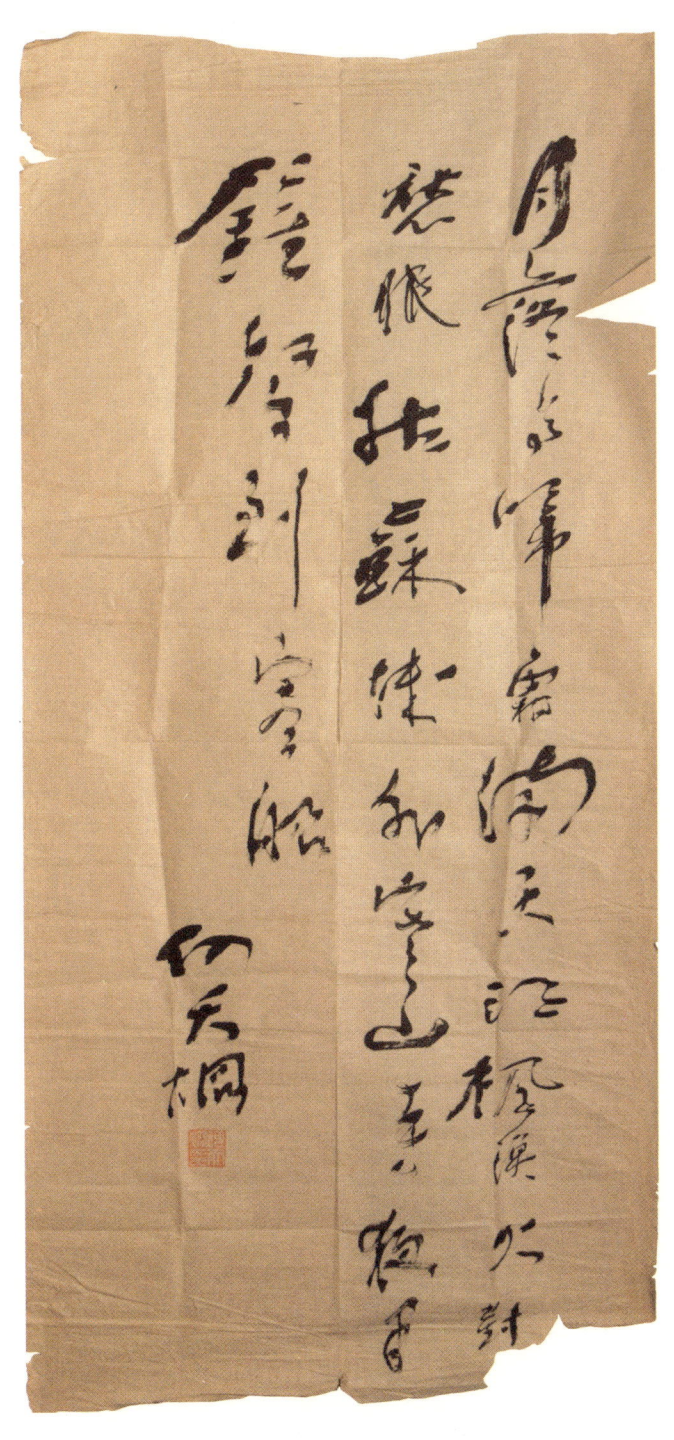

何天炯题字

释读

月落乌啼霜满天，江枫渔火对愁眠。
姑苏城外寒山寺，夜半钟声到客船。

何天炯

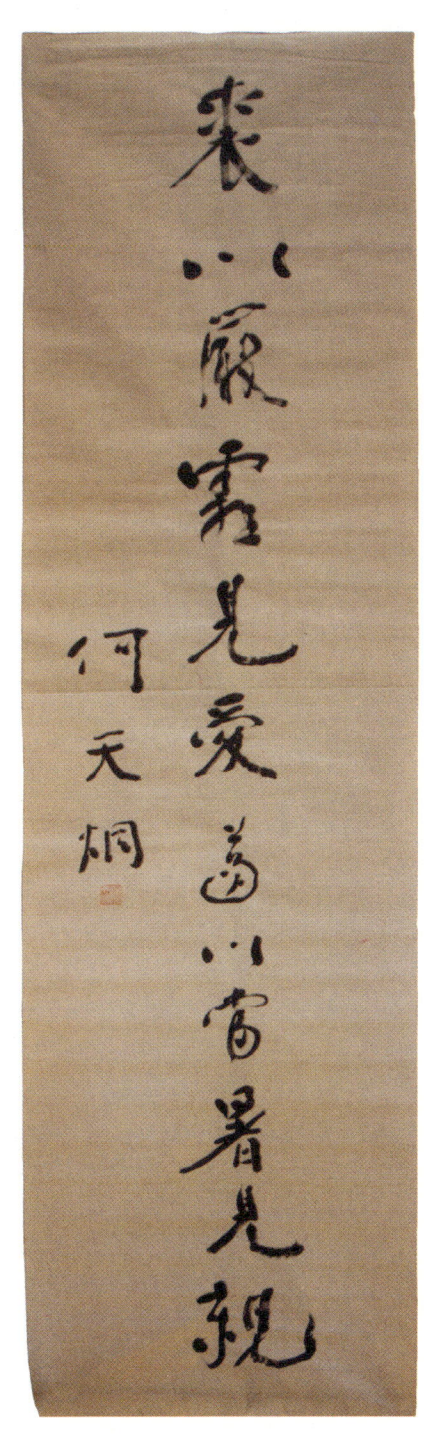

何天炯题字

释读

裘以严霜见爱,葛以当暑见亲。
　　　　　何天炯

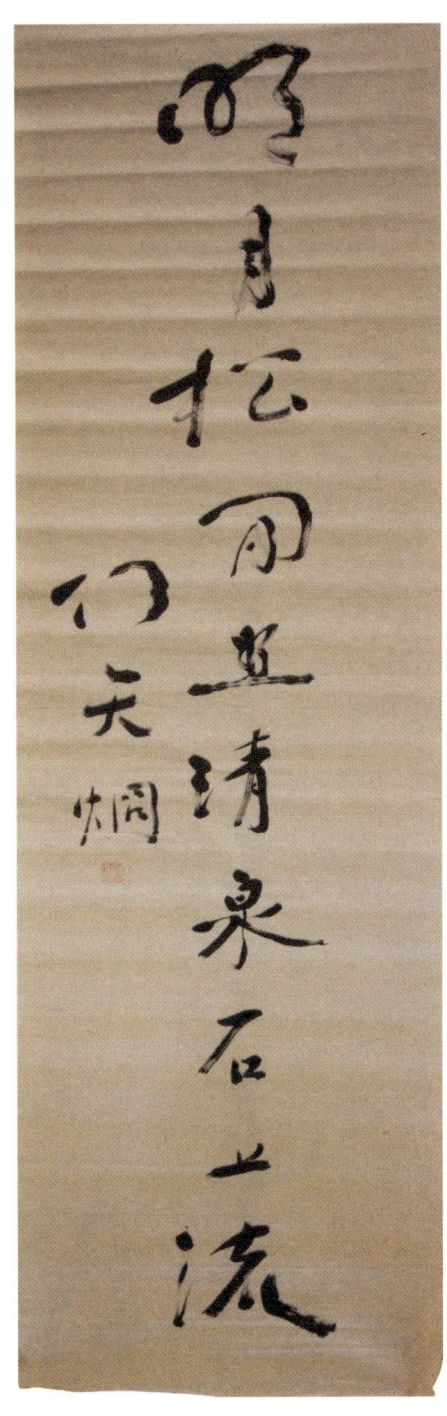

何天炯题字

释读

明月松间照，清泉石上流。
　　　　何天炯

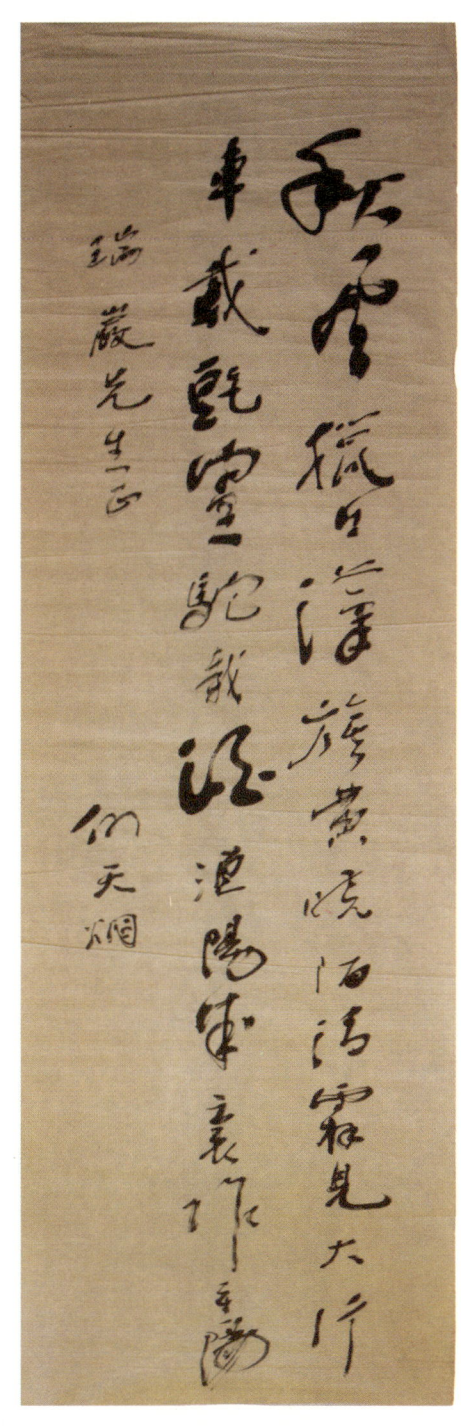

何天炯题字

释读

秋风猎猎汉旗黄,晓陌清霜见大〔太〕行。
车载毡庐驼载酒,渔阳城里作重阳。
　瑞严先生正
　　何天炯

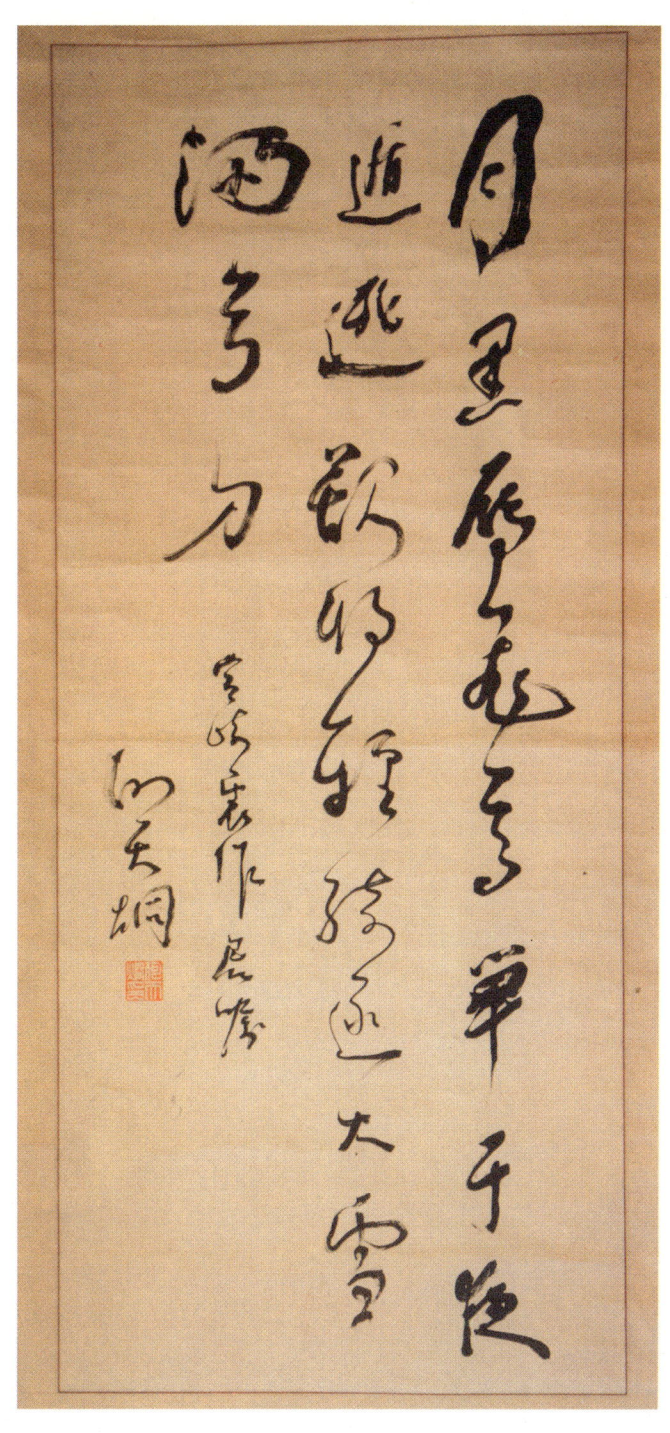

何天炯题字

释读

月黑雁飞高，单于夜遁逃。
欲将轻骑逐，大雪满弓刀。
　宫崎震作君嘱
　　　　何天炯

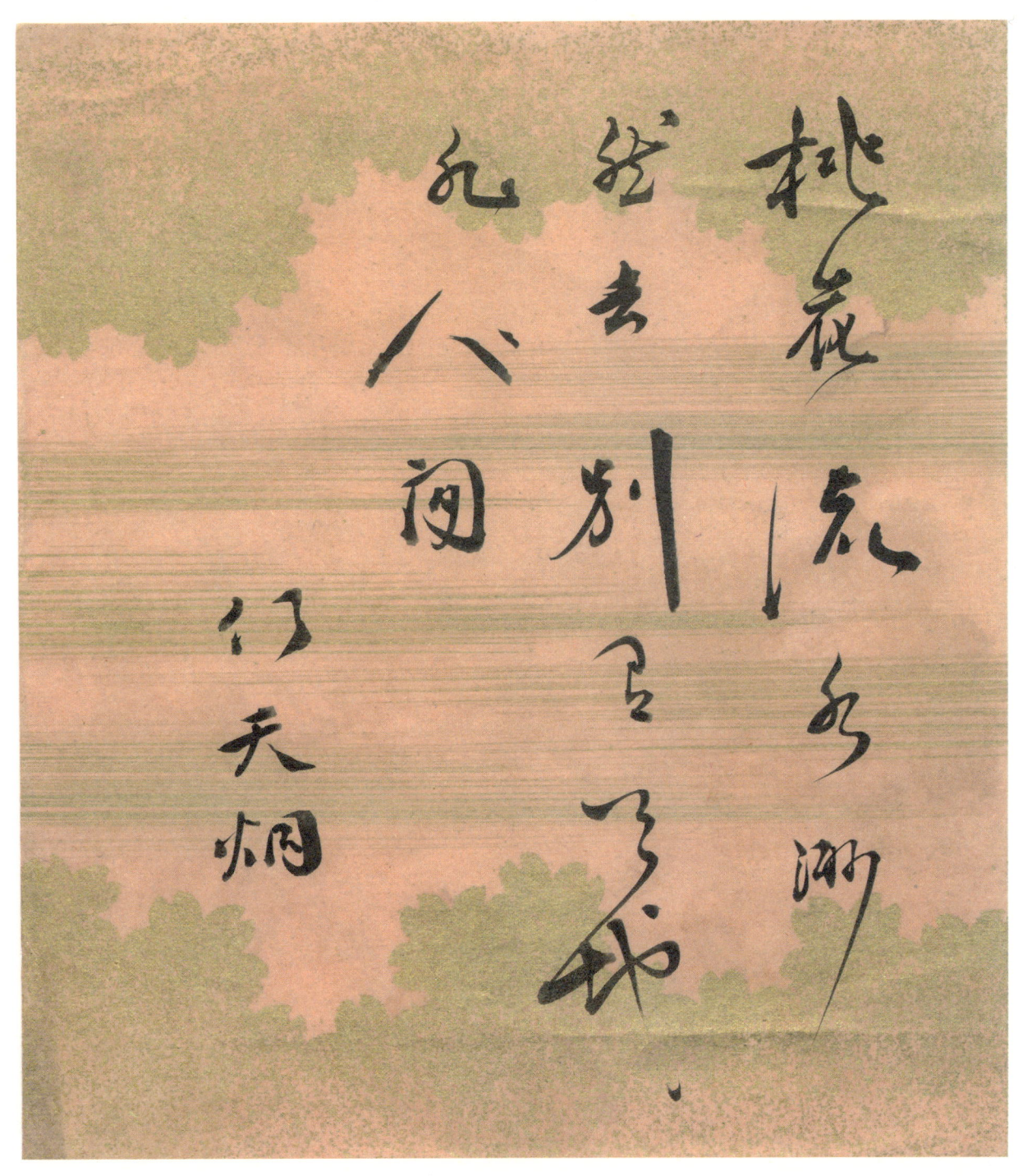

何天炯题字

释读

　　桃花流水渺然去，别有天地非人间。
　　　　　　　　　　何天炯

保衛和平

宮崎龍介先生紀念
何香凝
一九五五年春

何香凝题字（1955年）

释读

保卫和平
　　宫崎龙介先生纪念
　　　　　何香凝　一九五五年春

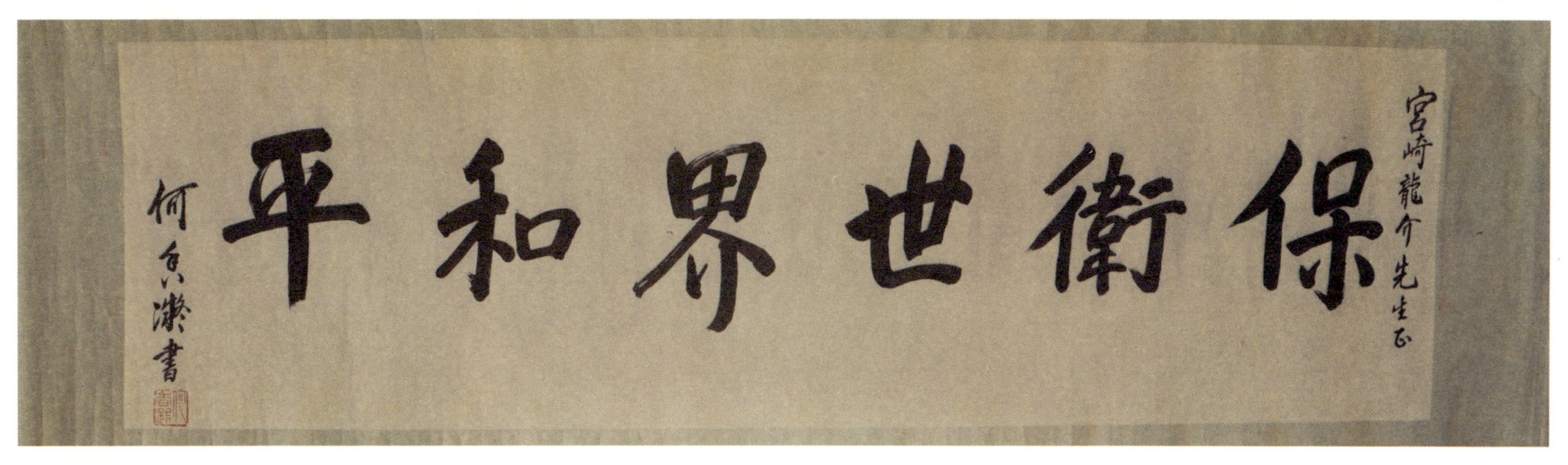

何香凝题字

释读

保卫世界和平
　宫崎龙介先生正
　　　何香凝书

何香凝画作（梅花）

释读

宫崎龙介先生雅赏

何香凝

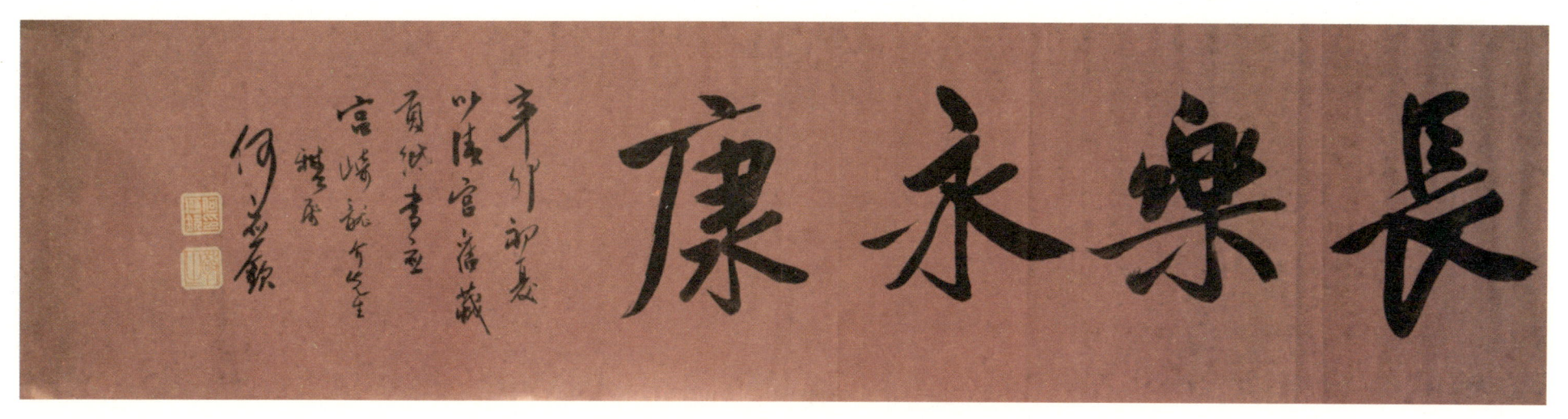

何应钦题字

释读

长乐永康
　　辛卯初夏，以清宫旧藏贡纸书，应
　宫崎龙介先生雅属
　　　　　何应钦

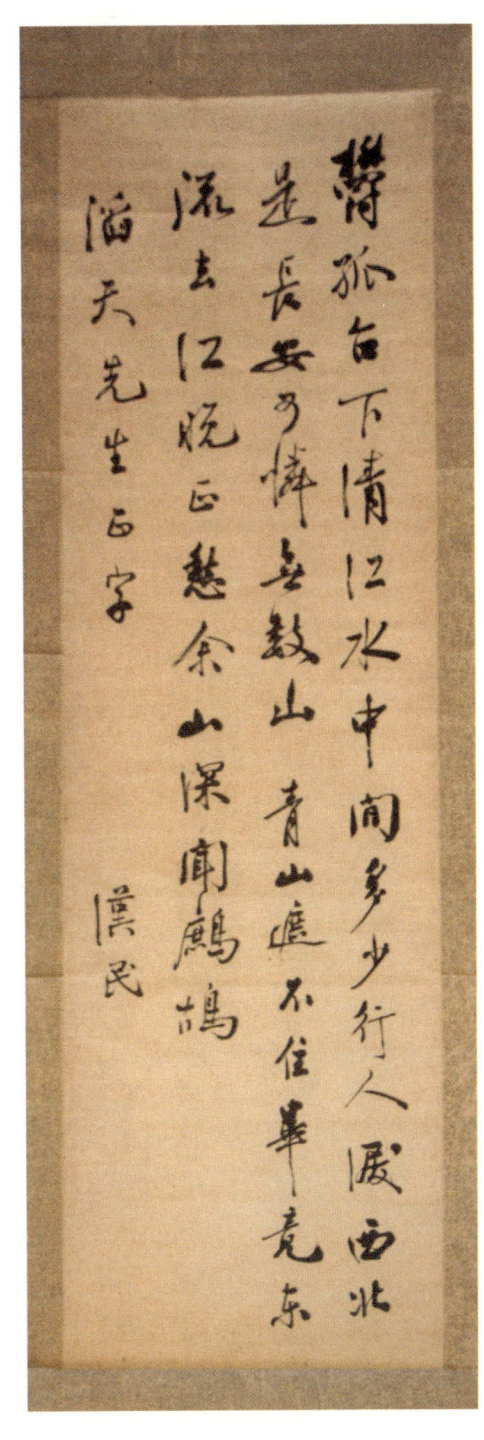

胡汉民题字

释读

郁孤台下清江水,中间多少行人泪。西北是长安,可怜无数山。青山遮不住,毕竟东流去。江晚正愁余,山深闻鹧鸪。

　　滔天先生正字

　　　　汉民

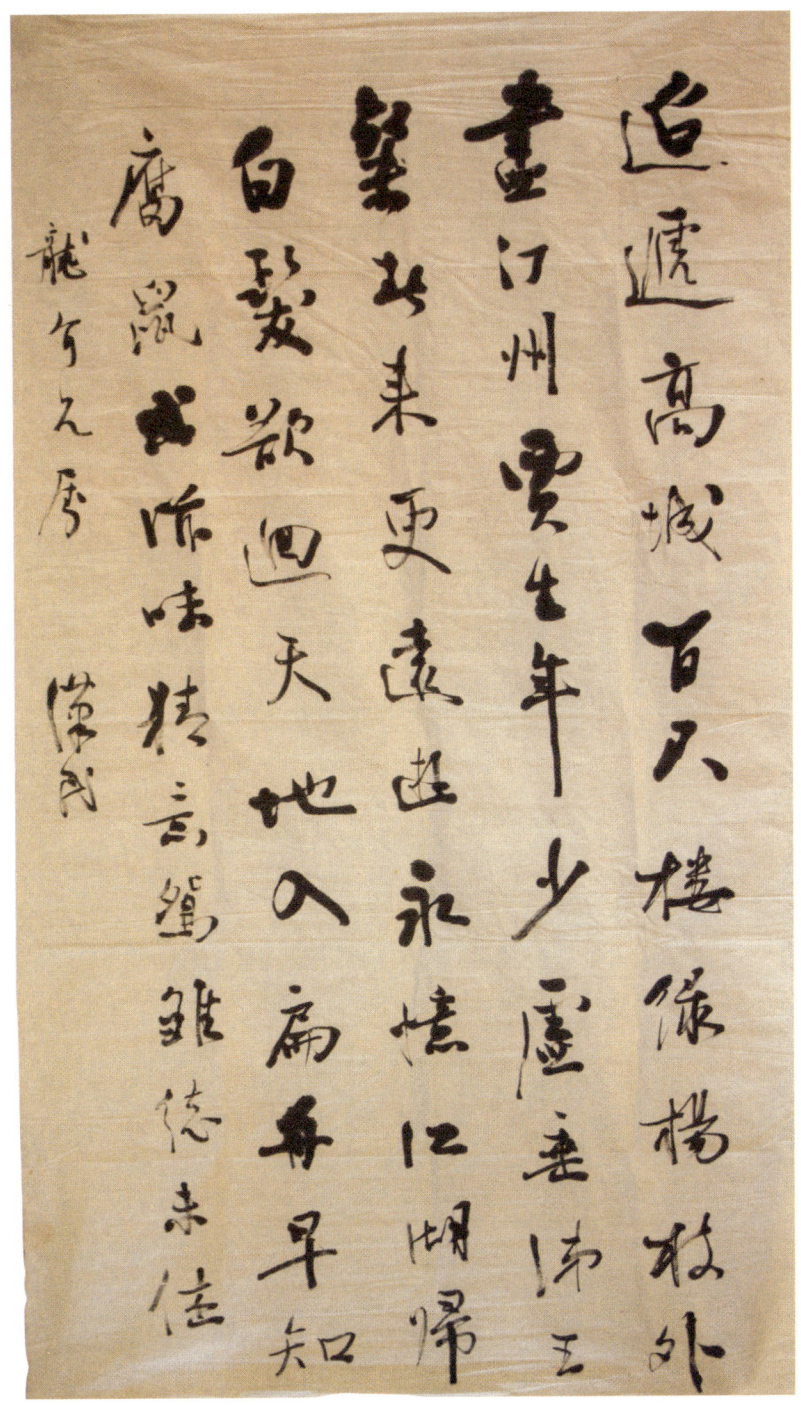

胡汉民题字

释读

迢递高城百尺楼，绿杨枝外尽汀州〔洲〕。
贾生年少虚垂涕，王粲春来更远游。
永忆江湖归白发，欲回天地入扁舟。
早知腐鼠成滋味，猜意鸳〔鹓〕雏竟未休。
　　龙介兄属
　　　　汉民

胡汉民题字

释读

所在为雄

　　宫崎龙介兄属书

　　　　　汉民

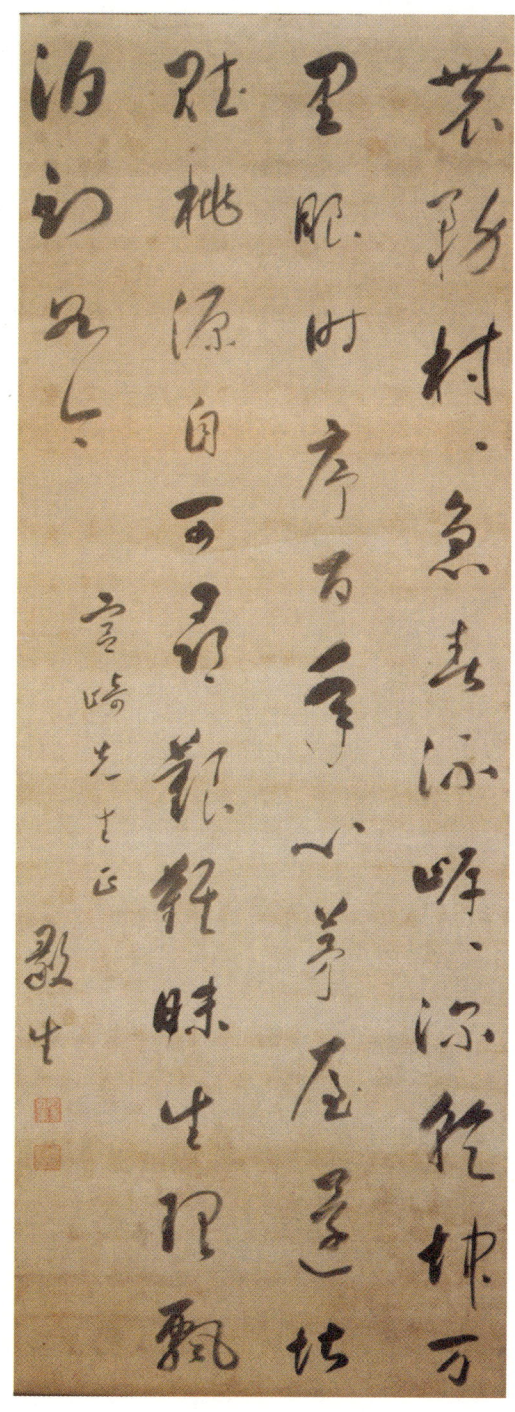

胡毅生题字

释读

农务村村急,春流岸岸深。
乾坤万里眼,时序百年心。
茅屋还堪赋,桃源自可寻。
艰难昧生理,飘泊到如今。
　　宫崎先生正
　　　　毅生

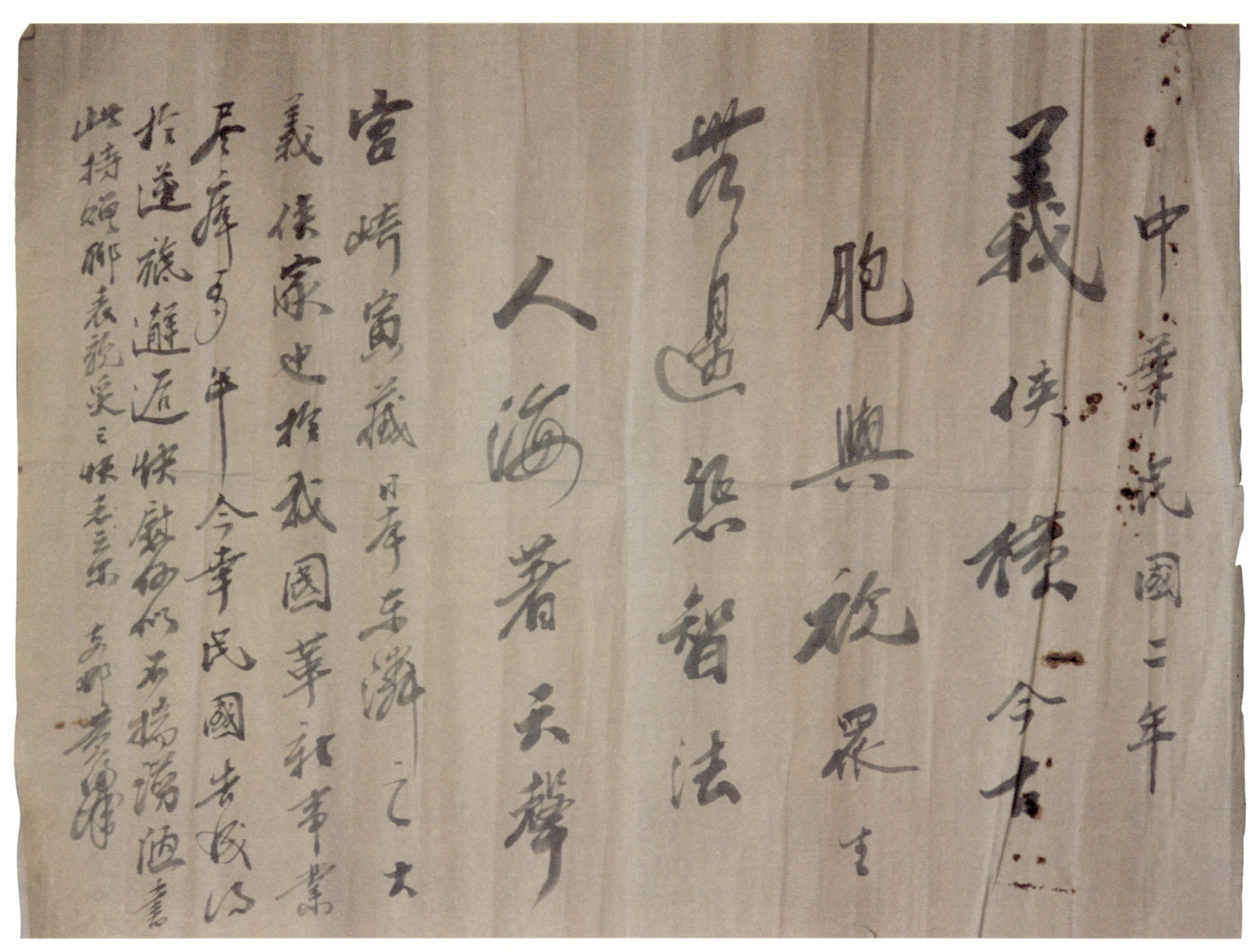

黄铎题字（1913年）

释读

义侠横今古，胞与视众生。
无边悲智法，人海著天声。
宫崎寅藏，日本东邻之大义侠家也，于我国革新事业尽瘁多年，今幸民国告成，得于逆旅邂逅，快慰何似。不揣谫陋，书此持赠，聊表亲炙之快志云尔。
　　支那黄铎
　　　中华民国二年

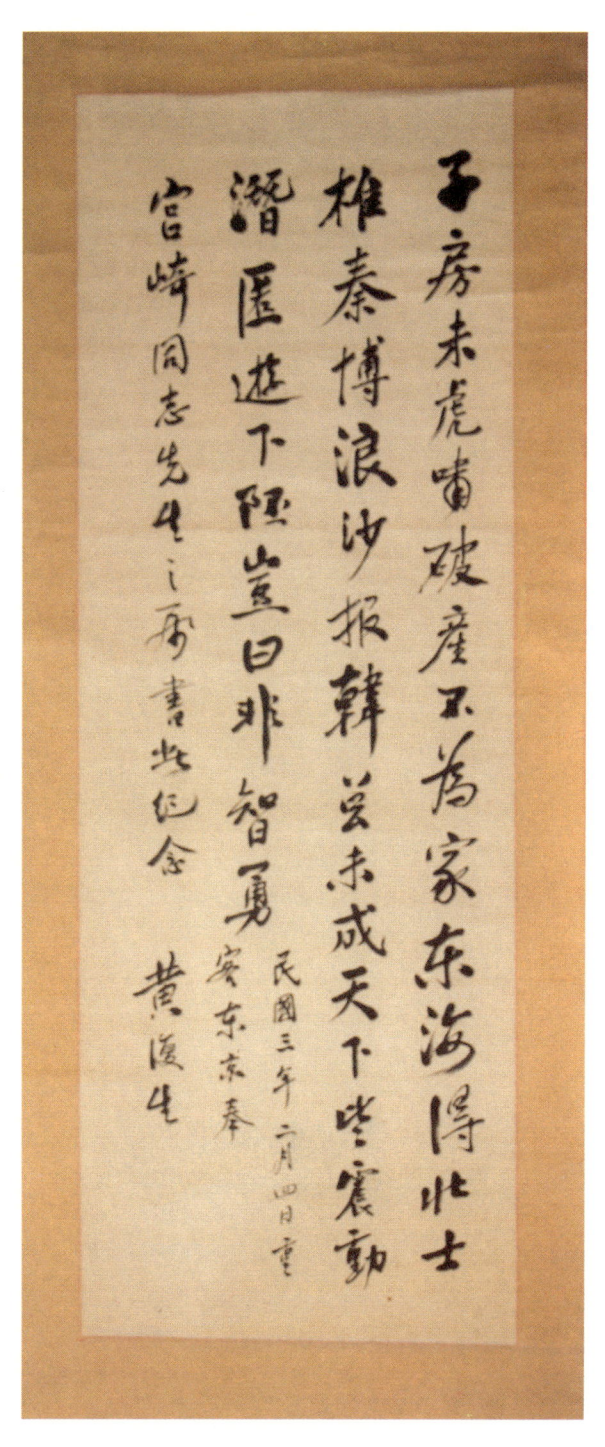

黄复生题字（1914年）

释读

子房未虎啸，破产不为家。
东海得壮士，椎秦博浪沙。
报韩虽未成，天下皆震动。
潜匿游下邳，岂曰非智勇。
　　民国三年二月四日重客东京奉
　　宫崎同志先生之属书此纪念
　　　　　黄复生

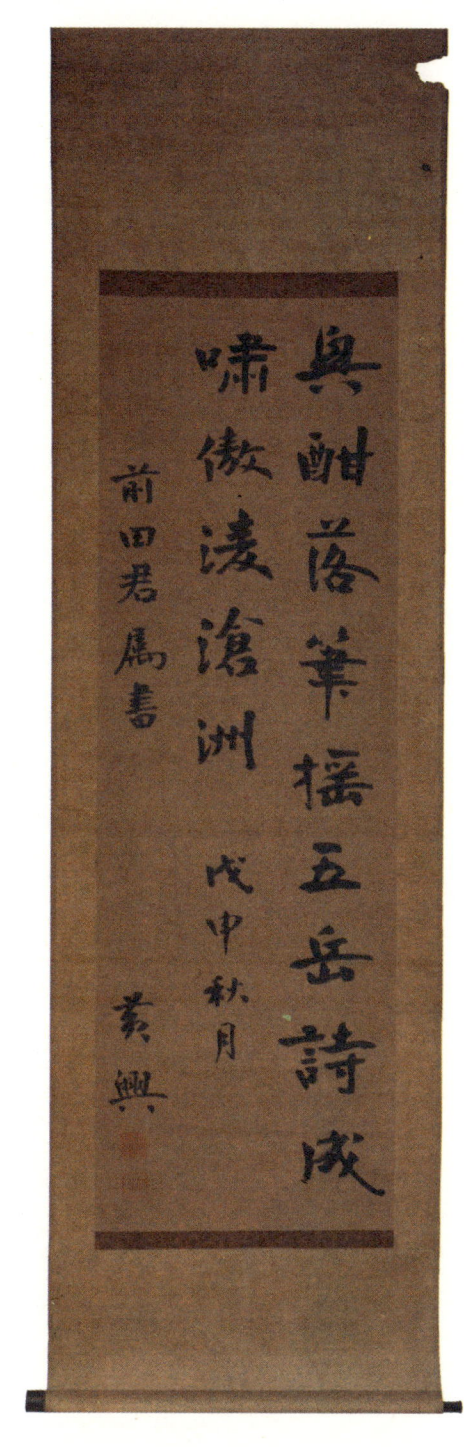

黄兴题字（1908年）

释读

兴酣落笔摇五岳，诗成笑傲凌沧洲。
　　前田君属书
　　　　戊申秋月　黄兴

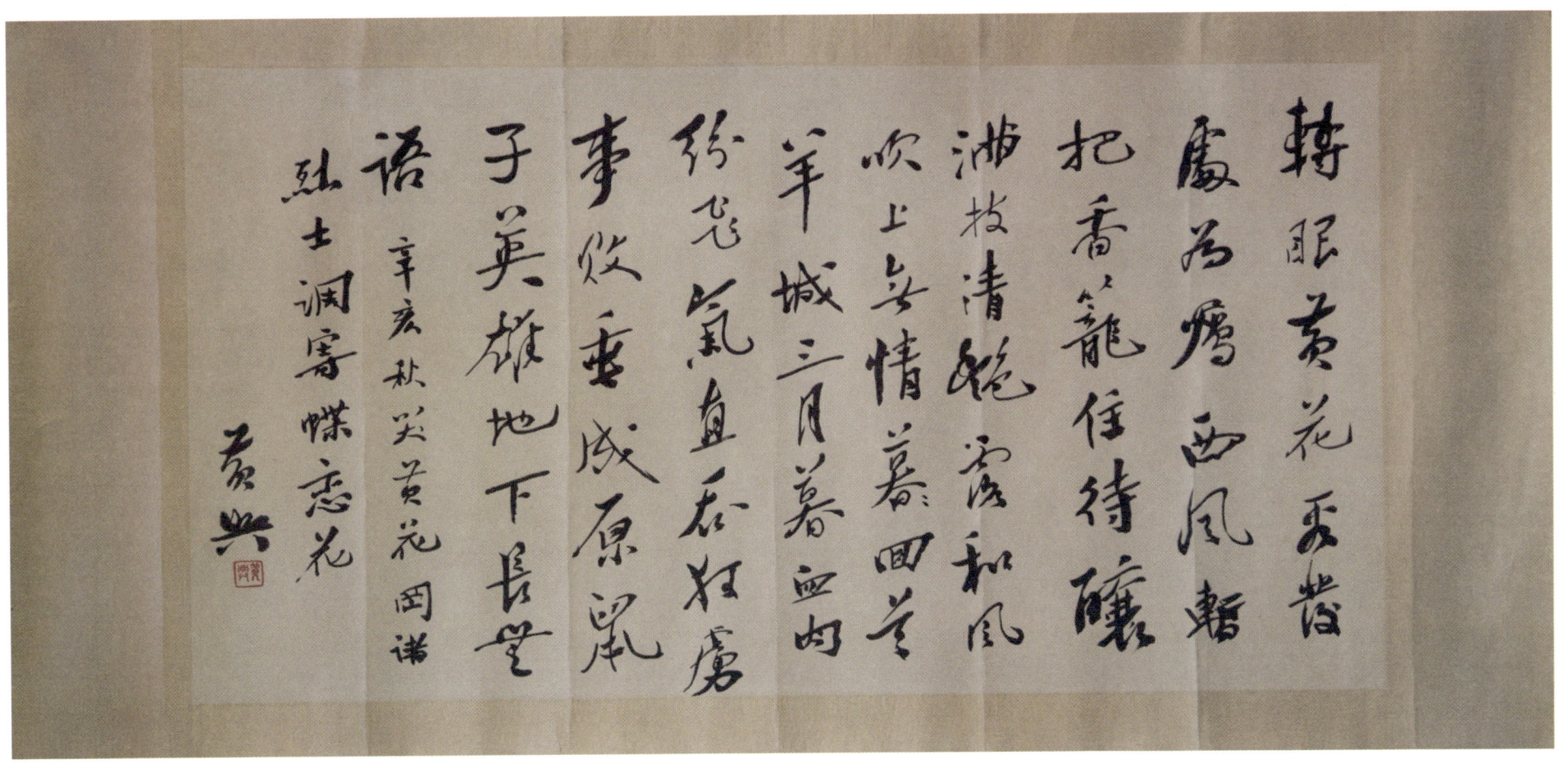

黄兴题字（1911年）

释读

转眼黄花看发处。为嘱西风,暂把香笼住。待酿满枝清艳露,和风吹上无情暮〔墓〕。　　回首羊城三月暮。血肉纷飞,气直吞狂虏。事败垂成原鼠子,英雄地下长无语。

辛亥秋哭黄花冈诸烈士,调寄《蝶恋花》

黄兴

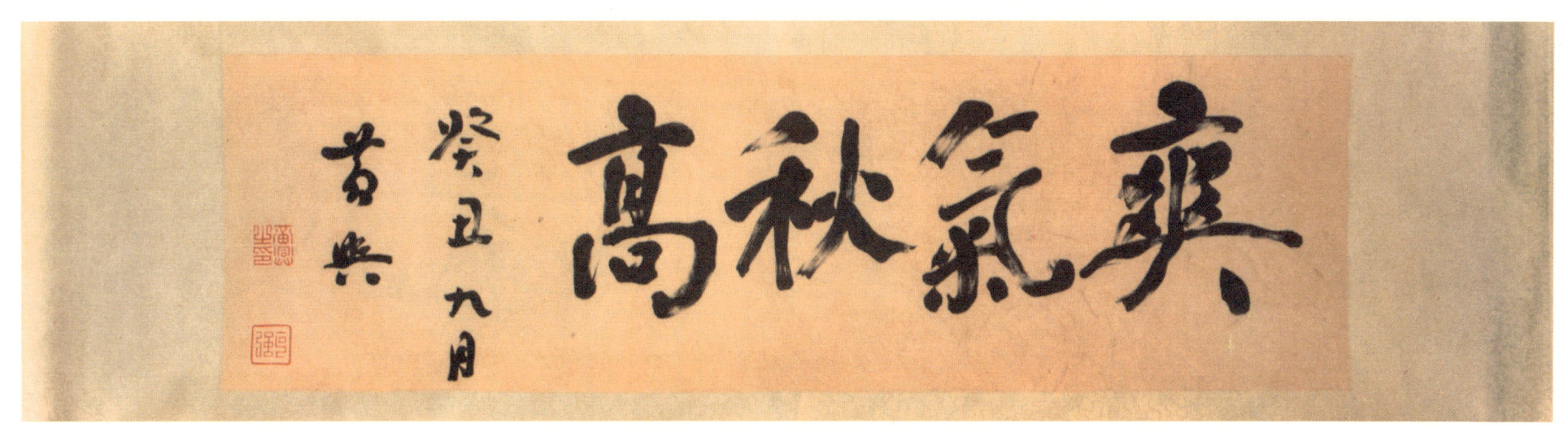

黄兴题字（1913年）

释读

爽气秋高

　　癸丑九月　黄兴

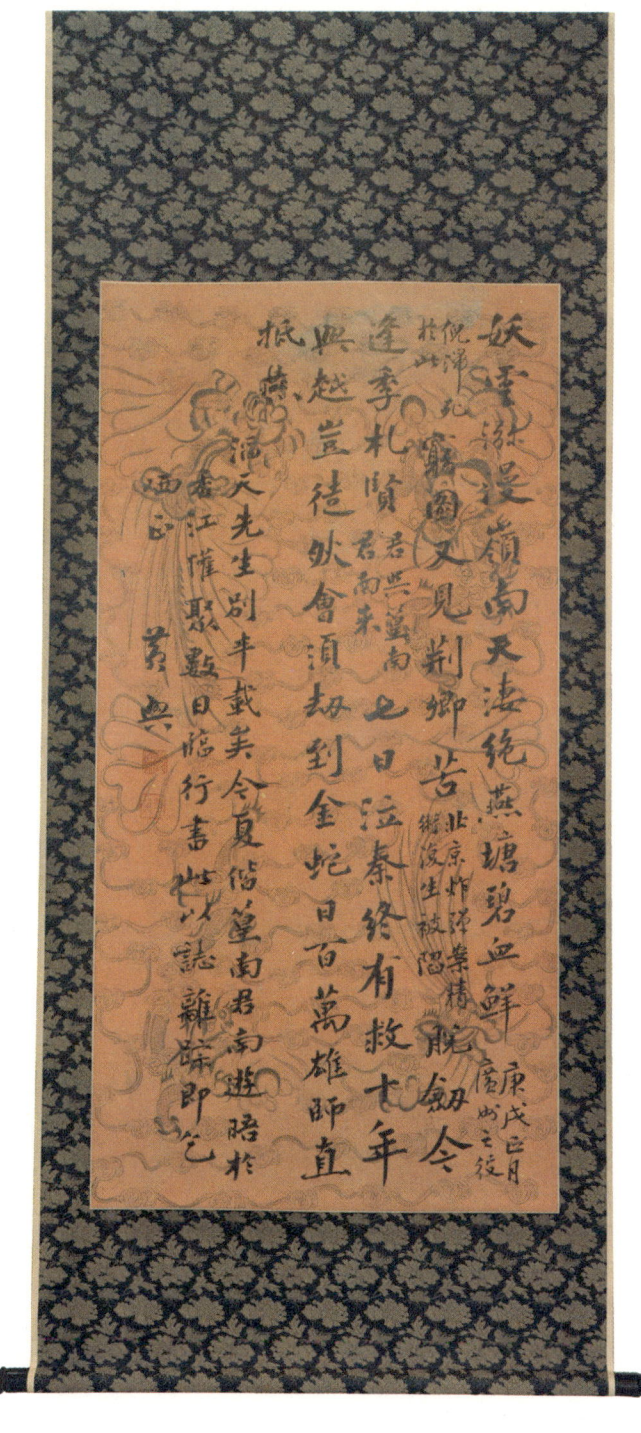

黄兴题字

释读

妖云弥漫岭南天，凄绝燕塘碧血鲜。（庚戌正月广州之役，倪滞死于此）
穷图又见荆卿苦（北京炸弹案精卫、复生被陷），脱剑今逢季札贤。（君与篁南君南来）
七日泣秦终有救，十年兴越岂徒然。
会须劫到金蛇日，百万雄师直抵燕。
　　滔天先生别半载矣，今夏携篁南君南游，晤于香江，欢聚数日，临行书此，以志离踪。即乞
哂正
　　黄兴

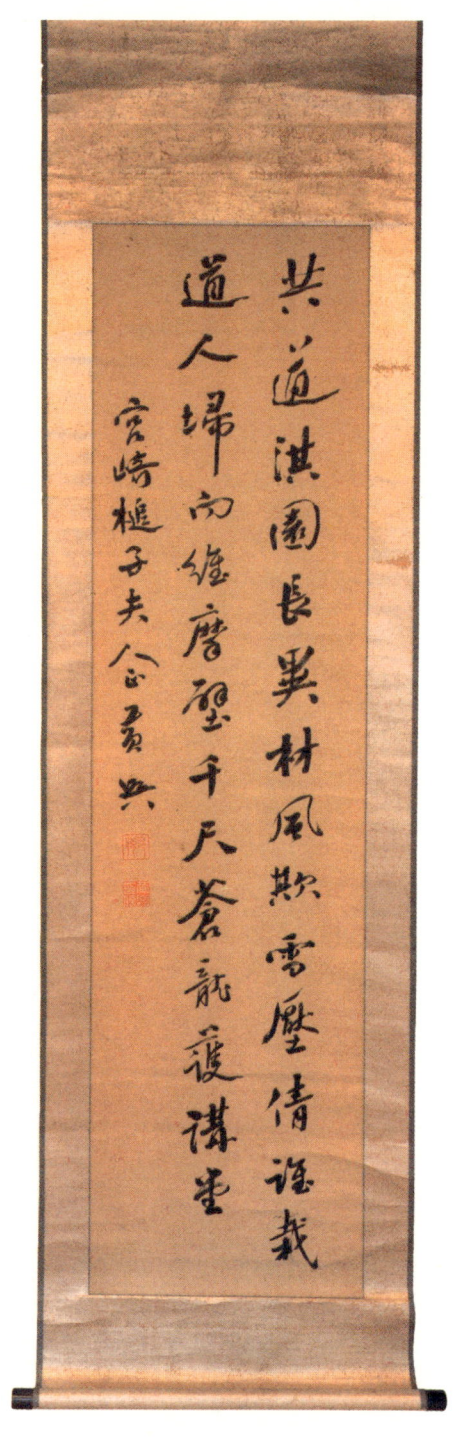

黄兴题字

释读

共道淇园长异材，风欺雪压倩谁栽。
道人扫向维摩壁，千尺苍龙护讲台。
　　宫崎槌子夫人正
　　　　黄兴

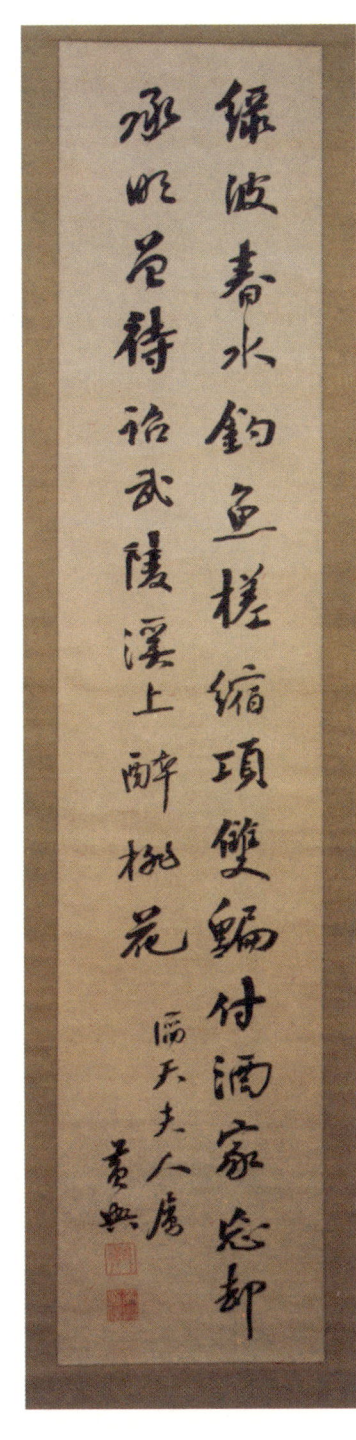

黄兴题字

释读

绿波春水钓鱼槎,缩项双鳊付酒家。
忘却承明曾待诏,武陵溪上醉桃花。
　　滔天夫人属
　　　　黄兴

黄兴题字

释读

  弢园
    为滔天先生题
      黄兴

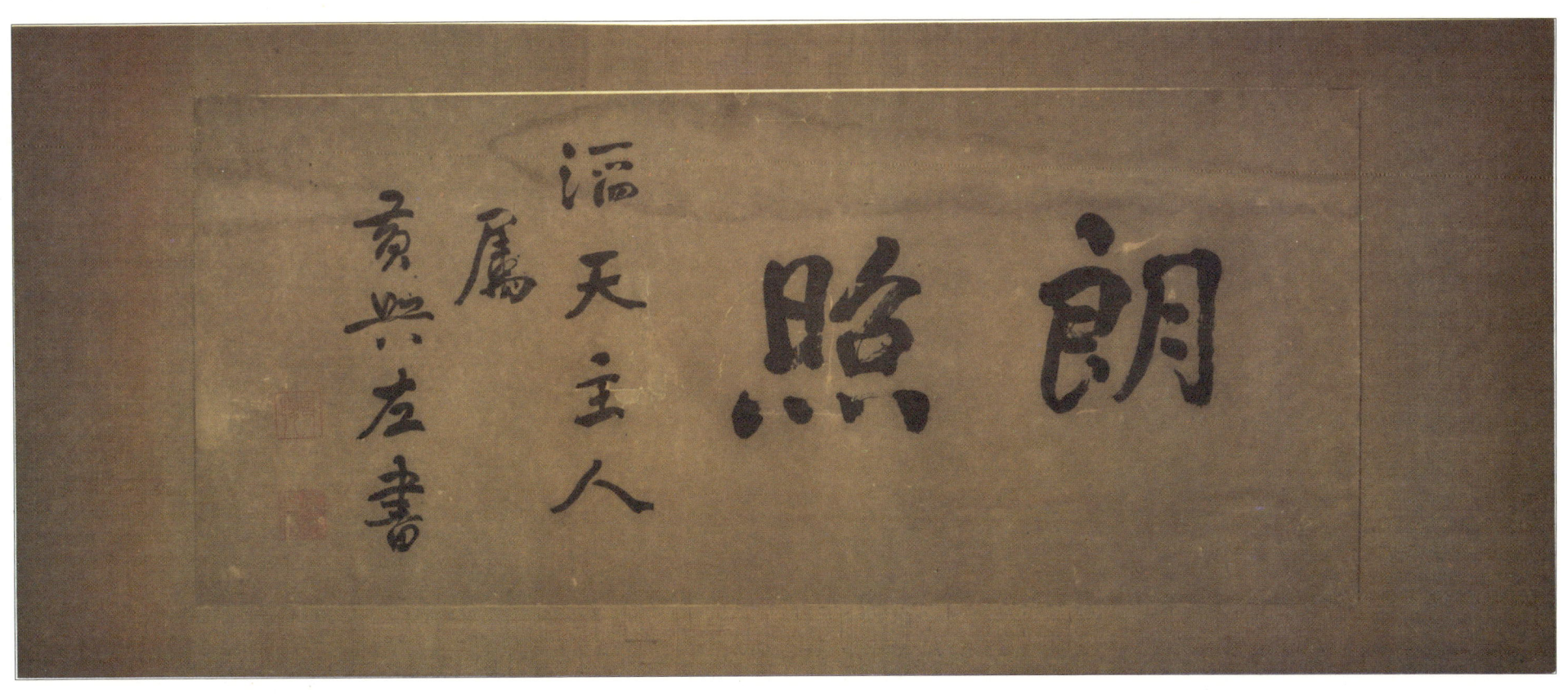

黄兴题字

释读

朗照
　滔天主人属
　　　黄兴左书

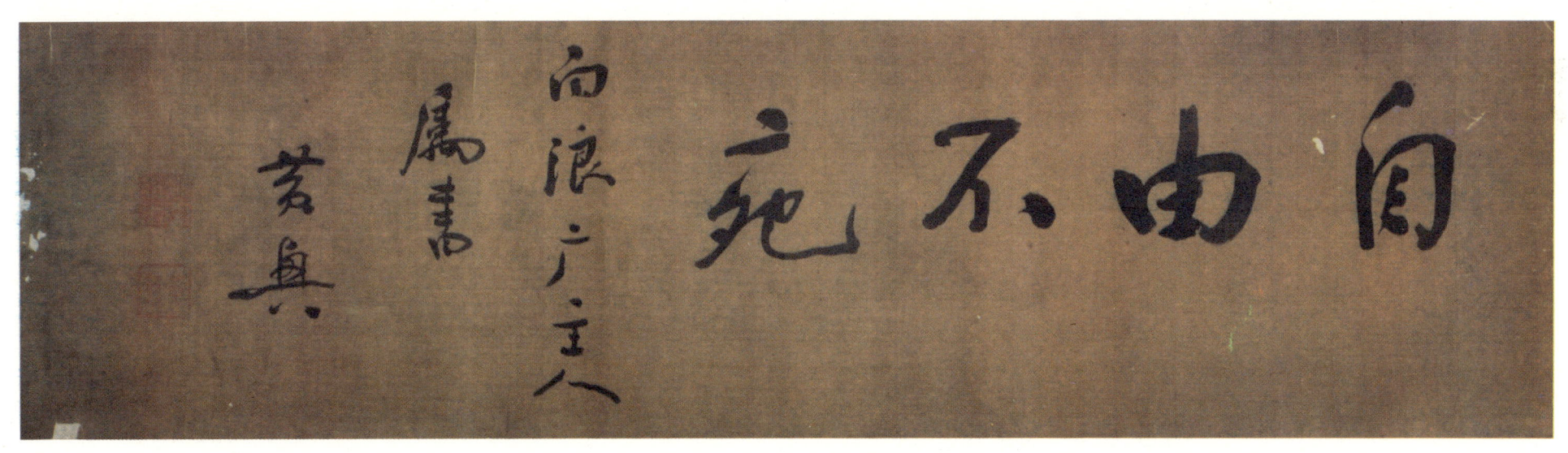

黄兴题字

释读

自由不死
　白浪庵主人属书
　　　　黄兴

黄兴题字

释读

儒侠者流
　滔天夫人正
　　黄兴

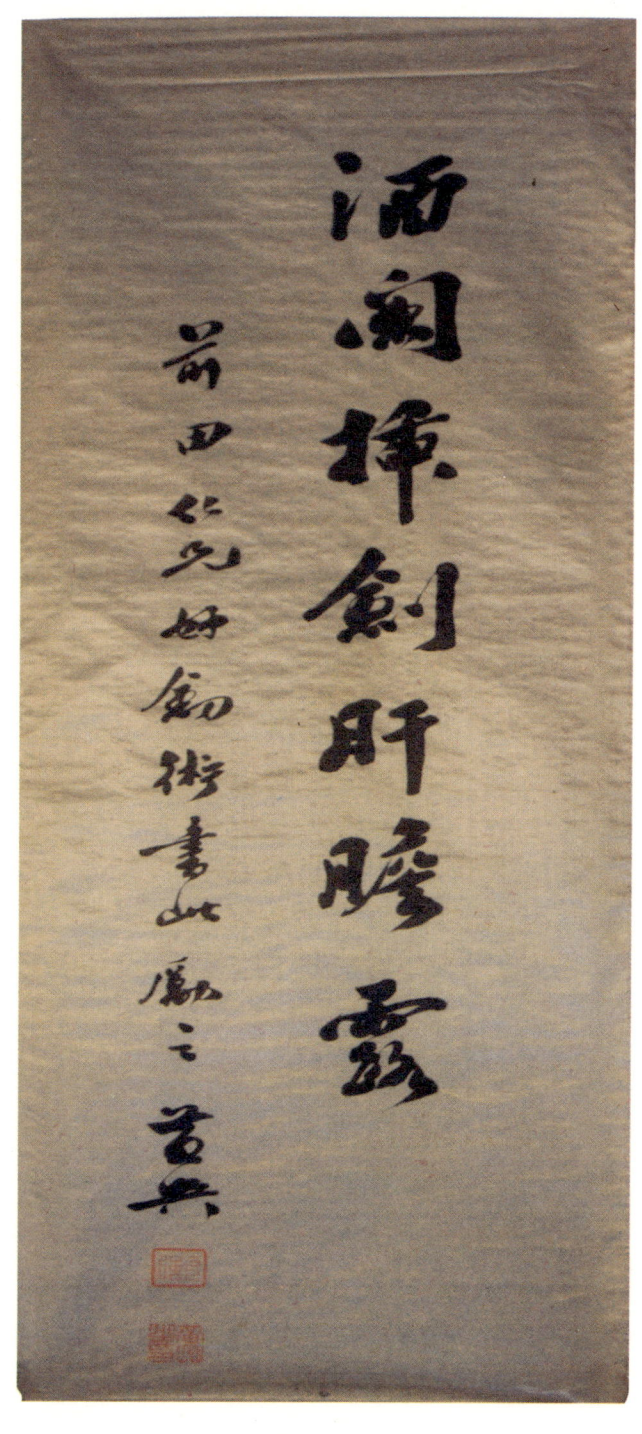

黄兴题字

释读

酒阑插剑肝胆露

　　前田仁兄好剑术,书此励之。

　　　　　　　　黄兴

和神當春清節蔦為秋

向浪广主補壁 克強

黄兴题字

释读

和神当春清节为秋
　白浪广主补壁
　　　克强

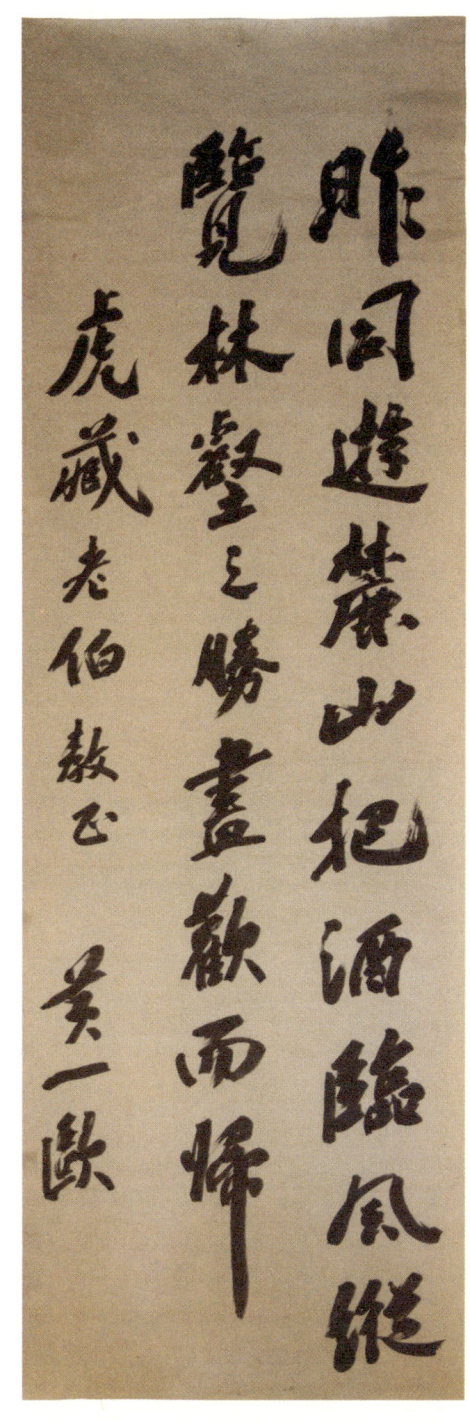

黄一欧题字

释读

昨同游麓山,把酒临风,纵览林壑之胜,尽欢而归。
　　虎藏老伯教正
　　　　黄一欧

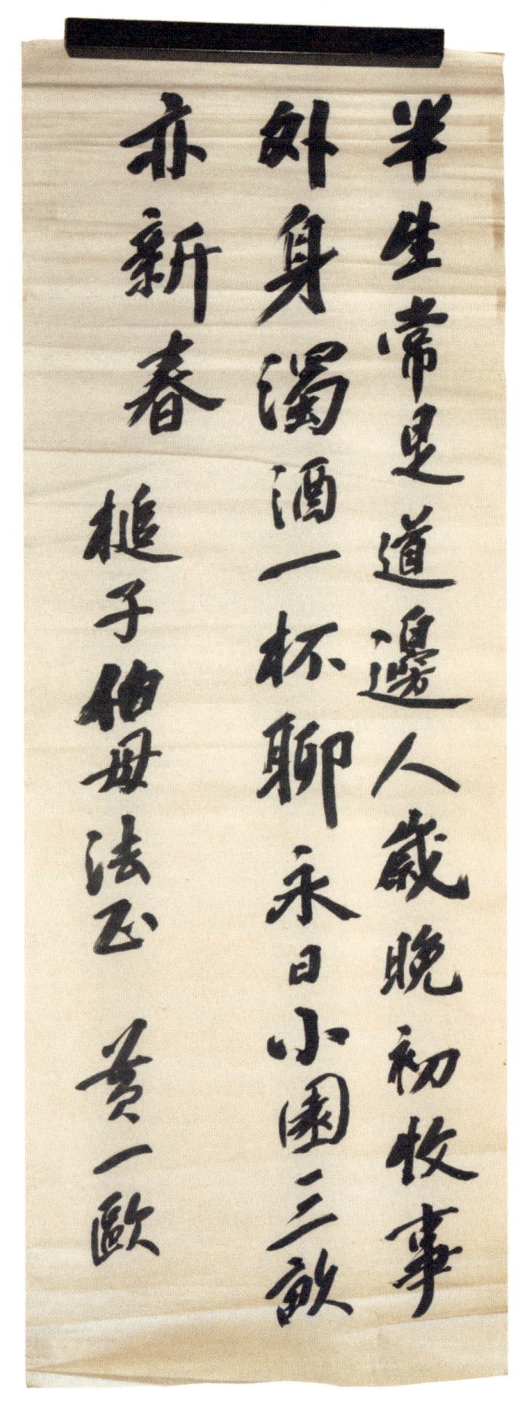

黄一欧题字

宫崎滔天家藏民国人物书札手迹（第七卷）

释读

半生常是道边人，岁晚初收事外身。
浊酒一杯聊永日，小园三亩亦新春。
　　槌子伯母法正
　　　　黄一欧

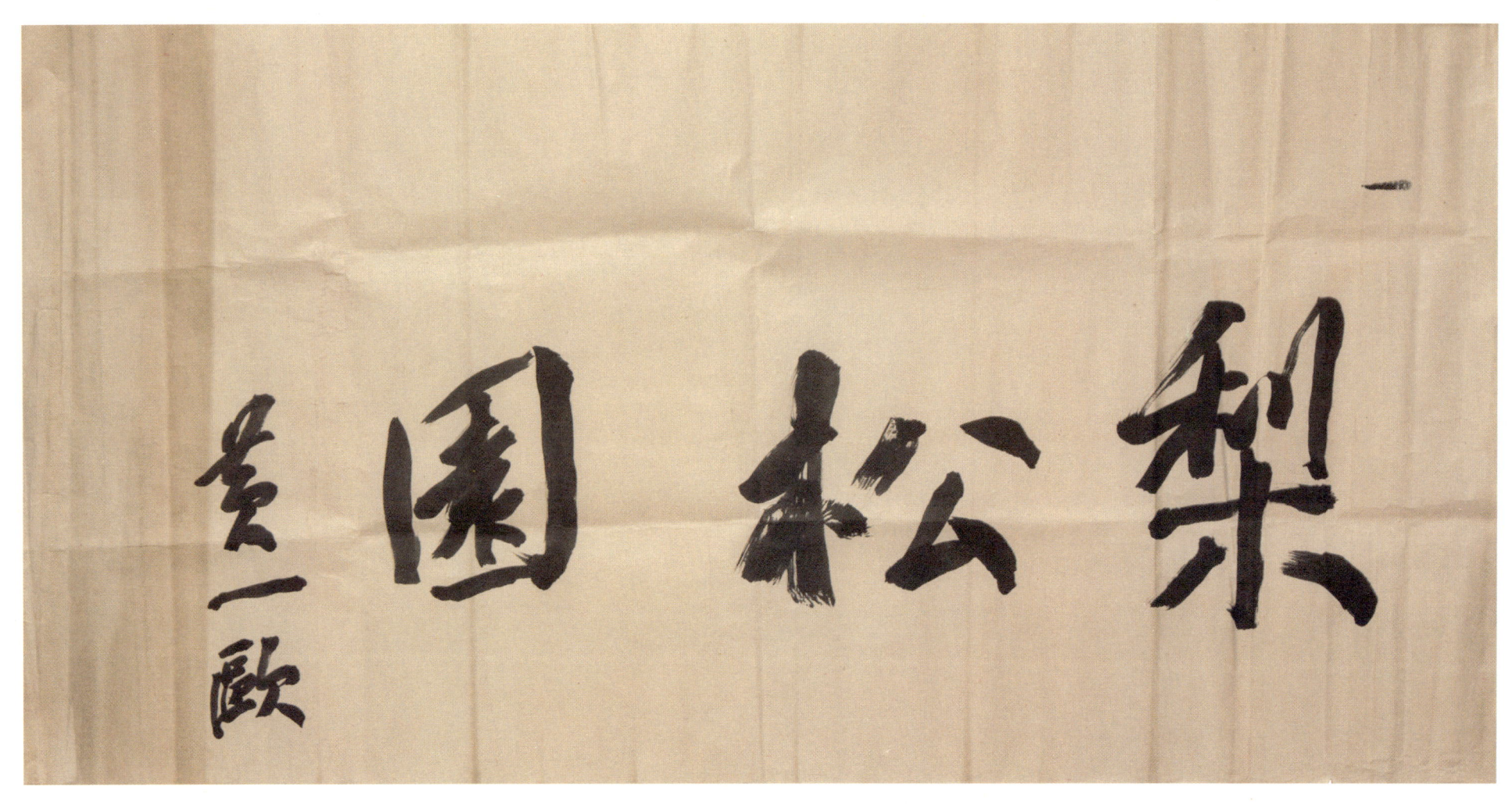

黄一欧题字

释读

梨松园
  黄一欧

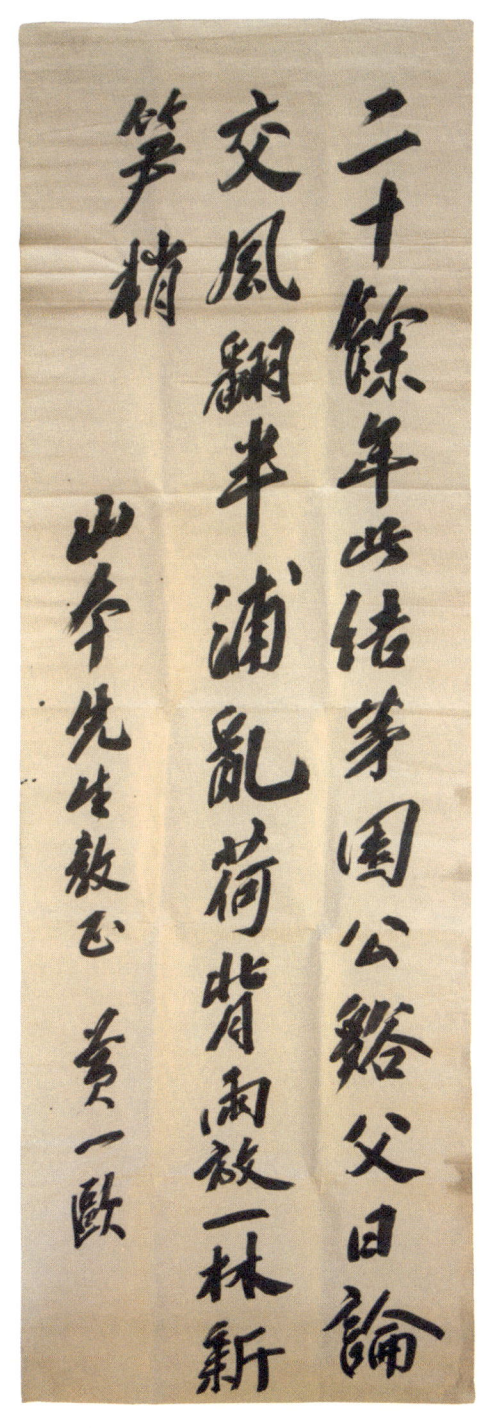

黄一欧题字

释读

二十余年此结茅,园公同溪父日论交。
风翻半浦乱荷背,雨放一林新笋梢。
　　山本先生教正
　　　　黄一欧

季雨霖题字

释读

青天一鹤

　宫崎先生正

　　　季雨霖

蒋介石题字

释读

　　共同奋斗
　　　　介石

蒋介石题字

释读

平等 自由 博爱

中正

蒋介石为宫崎先生题字

释读

同舟共济
　宫崎同志
　　　介石

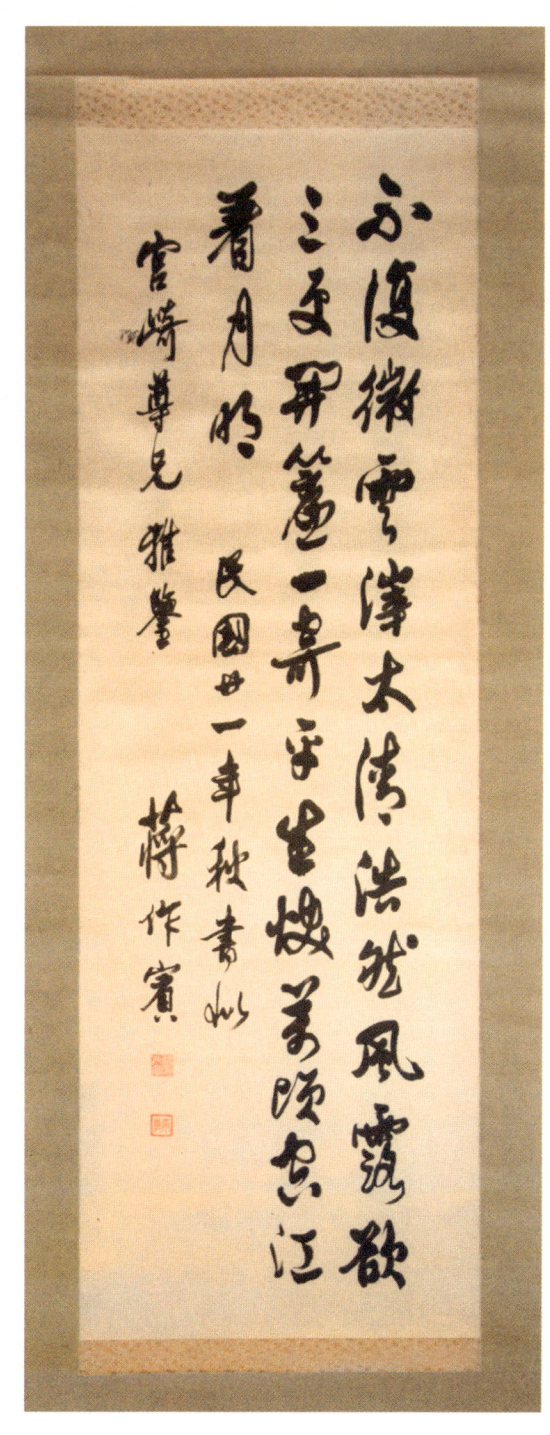

蒋作宾为宫崎先生题字（1932年）

释读

不复微云滓太清，浩然风露欲三更。

开帘一寄平生快，万顷空江著月明。

　　宫崎尊兄雅鉴

　　　　蒋作宾　民国廿一年秋书□

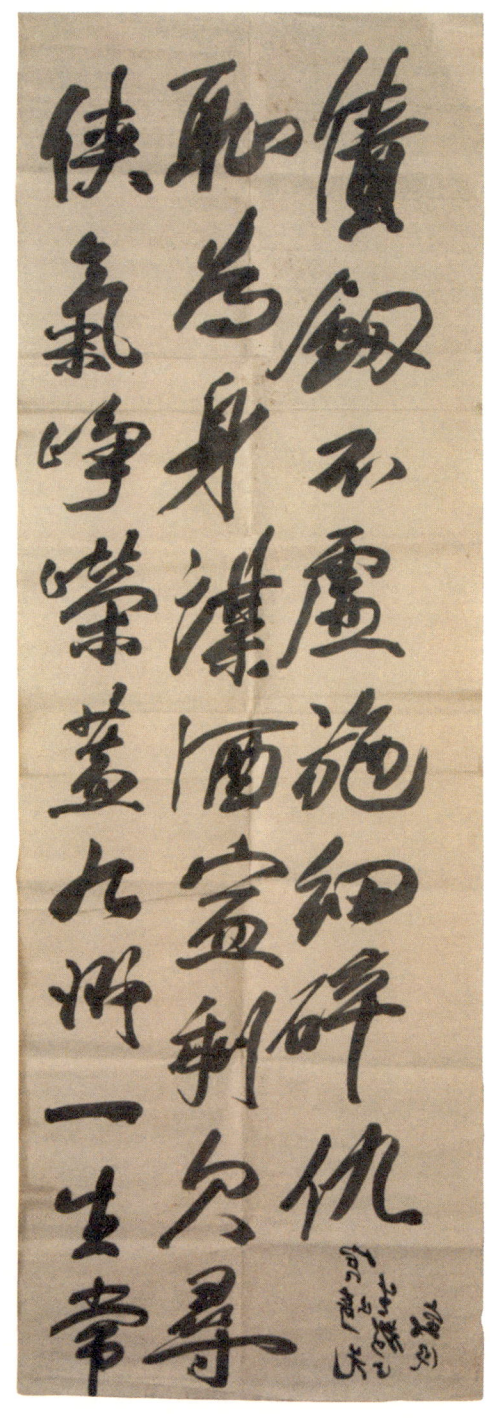

劲况题字

释读

侠气峥嵘盖九州，一生常耻为身谋。
酒宁剩欠寻〈常〉债，剑不虚施细碎仇。
　　宫崎先生教正
　　　　　劲况

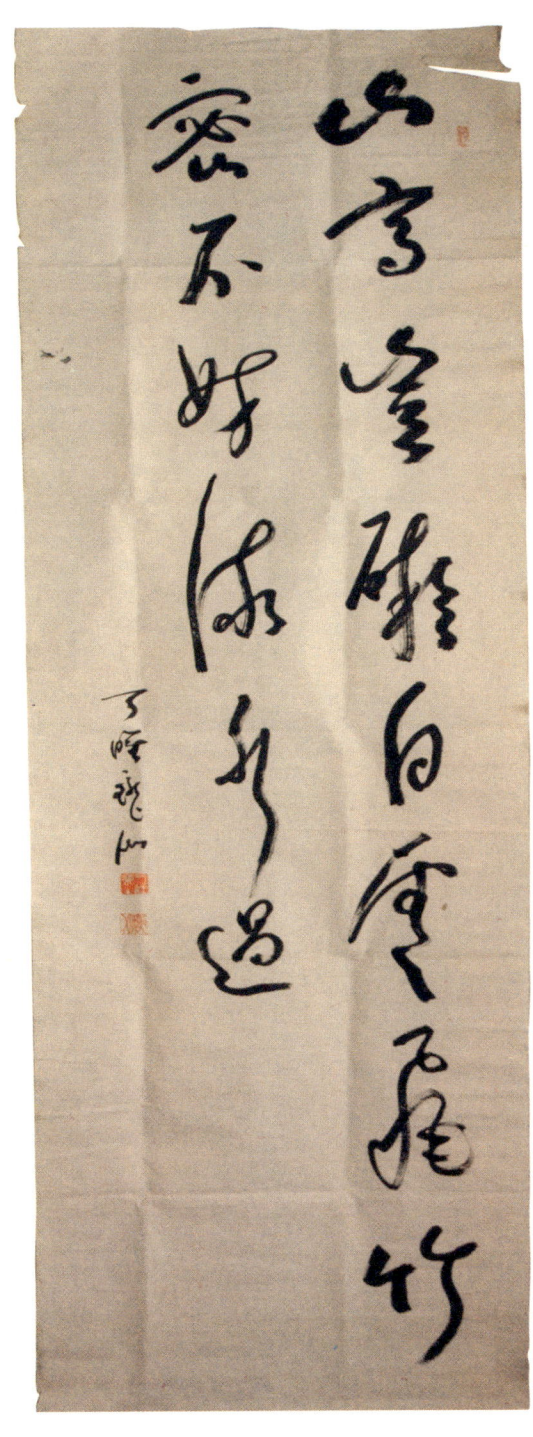

可胜珑仙题字

宫崎滔天家藏民国人物书札手迹（第七卷）

释读

　　山高岂碍白云飞，竹密不妨流水过。
　　　　　　　　　　　可胜珑仙